Dieu n’a pas besoin de « preuves »

Jacques Arnould

Dieu n'a pas besoin de « preuves »

Albin Michel

Préambule

« *Dieu est mort*, Nietzsche, 1883 – *Nietzsche est mort*, Dieu, 1900. »

Que mon ami philosophe ait épinglé dans son bureau une affiche portant cette formule m'a toujours fait sourire. Au-delà de sa provocation, elle semble conférer à la moindre de nos conversations une sorte de gravité que l'alibi d'un café partagé ne parvient que partiellement à dissoudre ou à dissimuler. Nous travaillons dans un domaine où sciences et techniques conspirent depuis plus d'un demi-siècle : celui de la conquête de l'espace, avec les sommets qu'ont été le vol de Youri Gagarine, il y a plus de soixante ans, et le pas de Neil Armstrong, il y a un peu plus de cinquante ans. Que le premier n'ait pas vu Dieu depuis l'orbite terrestre et que le compagnon du second ait tenu à prier avant de fouler la poussière lunaire, voilà qui ne nous émeut guère ; nous y puisons néanmoins l'inspiration pour de fréquents échanges, à partir de nos champs respectifs d'intérêt, la philosophie pour lui, la théologie pour moi.

Tous deux observons en effet les tentatives variées qui visent aujourd'hui à trouver dans les travaux et les résultats des sciences contemporaines les preuves de l'existence ou celles de l'inexistence de Dieu. Ce sont là deux propos, deux projets explicitement opposés qui n'en partagent pas moins de semblables caractères : celui de mésuser des conclusions scientifiques, celui de méconnaître, au moins partiellement, la méthode scientifique, enfin celui de sembler ignorer la dimension éminemment philosophique et théologique de la question de Dieu et des preuves de son existence.

Je préfère laisser à mon ami et aux héritiers de Socrate et de Diogène, de Leibniz et de Nietzsche le soin de traiter la part qui leur revient pour m'intéresser dans cet essai à celle qui relève des traditions religieuses, en particulier du christianisme.

Et je n'ai pas besoin d'attendre plus longtemps pour exposer ma propre conviction : le croyant n'a que faire de « preuves », et Dieu moins encore !

INTRODUCTION

« N'y courez pas ! »

« Dieu et la science » : sans doute s'agit-il là d'un des marronniers les plus nobles dont les rédactions de nos médias assurent la fréquente floraison. Que l'occasion en soit la publication de sidérantes images venues du fin fond de l'univers, la découverte d'une nouvelle espèce préhumaine, la mise en lumière de trajets neuronaux inédits ou, plus prosaïquement, la publication savamment orchestrée d'un livre à succès sur le thème en question, le dossier proposé aux lecteurs, auditeurs ou téléspectateurs associe, plus ou moins adroitement, données scientifiques vulgarisées, rappels historiques judicieusement choisis et propos de scientifiques en vogue, parfois de philosophes. Depuis plusieurs années, il faut le remarquer, les théologiens de toute obédience ne sont qu'exceptionnellement interrogés, au mieux remplacés par des historiens des religions.

À l'origine de ces marronniers, se trouve un constat très facile à poser : en Occident, depuis la fin du XVIe siècle, les relations entre Dieu et la science, la foi et la raison, le croire et le savoir, ont exercé et exercent toujours une véritable fascination sur les esprits et continuent d'inspirer des prises de position idéologiques tranchées, parfois extrêmes. Comme si l'arbre de la connaissance du bien et du mal, planté au milieu du jardin d'Éden, n'était ni un pommier, ni un figuier, mais bien un marronnier !

Ceux qui ne doutent de rien

Depuis le bûcher dressé le 17 février 1600 sur le Campo de' Fiori pour y faire mourir Giordano Bruno jusqu'au succès mondial du livre du généticien Richard Dawkins prétendant « en finir avec Dieu », il ne serait pas difficile de rédiger la chronique moderne des affirmations péremptoires, des condamnations définitives, des jugements tonitruants qui ont eu la prétention de défendre la cause divine ou, au contraire, de lui régler son compte. Ceux qui les ont énoncés et qui continuent à le faire n'ont rien à envier à ceux que l'histoire qualifie habituellement de « croisés » pour signifier à la fois l'enthousiasme de leurs engagements, la force de leurs convictions et les excès auxquels ils peuvent les conduire. L'époque n'est plus, et je m'en félicite, aux supplices et aux autodafés, mais elle offre encore le spectacle désolant de procès et de croisades empreints d'une évidente radicalisation. À l'heure d'Internet et des moteurs de recherche qui s'efforcent de guider vos choix, il devient de plus en plus malaisé de défendre une posture interrogative ou dubitative : nous sommes à longueur de journée invités à cocher une seule et unique case d'un formulaire ou d'une enquête, à exprimer notre avis sur tout et sur rien, sans que la moindre hésitation ou le moindre doute puissent nous être accordés. Notre époque semble imposer un dogmatisme généralisé : nous devons prendre position et la tenir, tout comme l'ivrogne embrasse compulsivement le lampadaire de peur de s'effondrer.

Les courants créationnistes, nés aux États-Unis en réaction aux travaux de Charles Darwin sur l'origine des espèces vivantes dont la nôtre, constituent depuis plus d'un siècle la plus flagrante et désolante illustration des difficultés que rencontrent certains croyants confrontés à la diffusion et à l'accumulation de nouvelles connaissances scientifiques sur l'univers et le vivant, leurs origines et leur devenir. Du déni à l'opposition frontale en passant par la manipulation, la falsification ou le camouflage, tous les moyens sont bons pour mener une croisade au nom de la Bible ou du Coran mais, surtout, au nom d'une certaine idée de Dieu, de l'Homme, de la place et du rôle que chacun doit tenir.

Face à ceux qui estiment que nous descendons d'Adam et d'Ève ou que notre odyssée est dirigée par une Intelligence supérieure, les libres-penseurs et les athées (j'use de ces deux dénominations sans aucune visée réductionniste) n'ont, fort heureusement, pas manqué de réagir. Le temps est passé où ils faisaient ériger la statue de Giordano Bruno (presque) en face du Vatican en guise de provocation ; désormais, ils dénoncent, intentent des procès pour défendre la liberté de l'enseignement, mènent à leur tour des croisades à coups de conférences, de publications… et invoquent eux aussi les découvertes scientifiques.

Reconnaissons-le : notre époque fournit des armes à tous ceux qui ne doutent de rien et tiennent à le faire savoir ; jamais il n'a été aussi aisé de mettre en scène nos convictions, qu'elles relèvent du savoir ou du croire. Certes, nous ne construisons plus des pyramides ni des cathédrales afin de défier la mort ou d'atteindre le ciel ; en revanche, nous possédons les moyens techniques, informatiques, virtuels d'accéder à des mondes jusqu'alors inaccessibles : nous pouvons surfer entre les galaxies, pénétrer dans les entrailles de la matière et les labyrinthes du vivant, côtoyer nos ancêtres et même batifoler en compagnie d'aimables dinosaures ! Le choc des photos s'allie au poids des mots pour défendre et même imposer la véracité du message véhiculé : les croisés du XXIe siècle ne doutent de rien, ils savent !

Dieu, personne ne l'a jamais vu

Alors savants et professeurs, prédicateurs et prophètes, défilent devant nous, sur les écrans de nos télévisions et de nos ordinateurs, sur la scène de nos TEDx et jusque dans nos théâtres. Ils usent de leur charisme, de leur maîtrise du geste et de la parole, pour offrir, expliquer, bref « vulgariser » leurs savoirs, leurs convictions, parfois leurs interrogations. Loin de moi l'idée de dénigrer leurs efforts lorsqu'il s'agit d'ouvrir les portes de leurs laboratoires et, en fin de compte, d'accroître la connaissance que nous pouvons avoir sur notre monde et sur nous-mêmes ; je me prête moi-même volontiers à ces exercices de communication. Mais je reste plus dubitatif et même critique lorsqu'est franchie sans aucune précaution la frontière entre la physique et la métaphysique, entre la science et la philosophie, entre le matériel et le spirituel, lorsque, pour reprendre une expression chère à Galilée, il n'est plus question d'expliquer comment va le ciel mais de prétendre enseigner comment aller au ciel. Rappeler cette frontière, les précautions qu'exige son franchissement, constitue l'une des raisons d'être de cet essai.

Car je n'oublie pas la mise en garde proférée il y a près de deux mille ans par un certain prophète de Galilée : « Des jours vont venir où vous désirerez voir ne fût-ce qu'un seul des jours du Fils de l'homme, et vous ne le verrez pas. On vous dira : "Le voilà, le voici." Ne partez pas, ne vous précipitez pas[1]. » Prêtons attention : il ne s'agit pas là seulement d'une saine leçon de prudence. La Bible, en particulier les Évangiles, n'a pas hésité à mettre en scène des précipitations devenues célèbres. Parmi elles, les « courses » de Marie-Madeleine, de Pierre et de Jean au matin de Pâques, méritent toute notre attention. Loin d'être l'œuvre du Diable ou l'effet de sa maléfique influence, elles étaient au contraire portées par un attachement profond, parfois amoureux, au Maître crucifié l'avant-veille sur le Golgotha. Marie aspirait à revoir le visage de celui qui l'avait libérée de ses démons ; les deux apôtres, troublés par les dires de cette compagne de pérégrination, cherchaient à se forger leur propre opinion sur l'incompréhensible disparition du cadavre de Jésus… Or, ces précipitations aboutissent, pour les trois personnages, au même constat : le tombeau du crucifié du vendredi saint est vide. Rien. Personne. Aucun coup de tonnerre, aucun signe dans le ciel, aucun miracle, mais seulement la profanation d'un tombeau à la pierre roulée, la brutalité nue de la roche creusée, l'horreur d'un linge funéraire abandonné. Et, dans le cœur de chacun des trois compagnons de route de Jésus, une seule et même question : « Crois-tu ce que tu vois ? »

Tous trois sont fils et fille d'Israël ; ils savent que nul ne peut voir Dieu sans mourir ou être déjà mort. Or vivants ils le sont ; ne viennent-ils pas de courir à perdre haleine ? Alors ? Que doivent-ils penser ? Ou plutôt que doivent-ils croire ? Pierre a quitté le jardin tout proche du Golgotha envahi par la perplexité ; Jean a vu lui aussi le tombeau vide… et il écrit avoir cru ; Marie-Madeleine a reconnu son bien-aimé sous l'apparence d'un jardinier mais n'a pu le toucher. Trois expériences au petit matin de Pâques ; trois épreuves de la foi ; trois réponses à l'intime interrogation. Aucune preuve tangible à laquelle ils puissent se raccrocher ; rien qui s'impose à eux. Simplement, l'invitation à poursuivre le parcours entamé sur les sentiers de Palestine.

Pourquoi en serait-il différemment pour nous qui partageons la même humanité que Marie-Madeleine, Pierre et Jean ?

Un chemin de traverse

Si donc Jésus tempère nos précipitations religieuses et nos enthousiasmes écervelés, il ne nous empêche pas de nous mettre en route, de prendre le chemin de conversion. Bien au contraire. N'a-t-il pas rassemblé ses premiers disciples sur un simple « Suis-moi », sur l'invitation à « tout quitter pour le suivre » ? À l'instar de nombreuses religions, la tradition chrétienne a proposé bien des voies pour « aller au ciel », bien des méthodes pour nous rapprocher de Dieu.

À côté des tracés les plus extrêmes, les plus audacieux – je pense à ceux empruntés par les mystiques –, l'enseignement chrétien, à la suite de celui du prophète de Galilée, n'a pas cherché à ignorer la réalité du monde, y compris pour mettre ses fidèles en garde vis-à-vis d'elle. D'ailleurs, nous le savons bien, rien de tel que de chercher obstinément à oublier, à dénigrer le réel, en tout premier lieu celui de son corps, pour finir par en être obsédé. Toutefois, Jésus, lui-même enfoui dans le quotidien d'un homme de Palestine au début de notre ère, a clairement précisé l'attitude minimale qu'il attend de ses disciples : « Rendez à César ce qui est à César, et à Dieu ce qui est à Dieu[2]. » Faire la part des choses est évidemment un sage conseil, appliqué ici à la pratique religieuse et à la vie spirituelle. Le père Dalmace Leroy y avait recours pour rassurer ceux qui, à la fin du XIXe siècle, s'inquiétaient de la révolution déclenchée par les travaux de Darwin. Son intérêt pour la théorie élaborée par le savant anglais visait essentiellement à « rendre à César ce qui est à César afin d'inviter César, à son tour, à rendre à Dieu ce qui revient à Dieu[3] ».

Tel n'est pas l'objectif ultime de cet essai : je n'y contrains personne à rendre à Dieu ce qui lui revient, mais j'y invite à nous interroger sur les relations que nous tissons entre nos façons de savoir et de croire, à nous demander ce que nous entendons sous le vocable de « foi » et sous le nom de « Dieu ». J'en suis convaincu, les réponses à ces questions ne s'imposent pas, tout comme jadis elles ne se sont pas imposées à Marie-Madeleine, Pierre et Jean. Quels que soient les avancées scientifiques et les discours qu'elles étayent, le chemin de la foi n'est ni dénué d'embûches, ni jalonné d'évidences (et peut-être devrais-je en dire de même du *credo* athée…). Il relève davantage du chemin de traverse qui fait sortir des routes balisées, qui exige parfois d'abandonner les bagages inutiles. Il offre aussi d'inattendus paysages, conduit à d'étonnantes perspectives, impose parfois de singulières étapes.

Le chemin de la foi cherche surtout à ne pas perdre de vue le sommet, au risque de frôler parfois les vertigineux abîmes de l'absurde.

1

La science en otage

Quatre siècles déjà se sont écoulés depuis qu'en Occident la science ou, plus exactement, ceux qui font profession de scientifiques ont en toute conscience décidé de revendiquer la liberté de chercher, d'avancer des hypothèses et d'élaborer des théories sans devoir se soumettre aux magistères religieux de leur temps, de quelque obédience qu'ils puissent être. Dans sa fameuse lettre de 1615 adressée à la grande-duchesse Christine de Lorraine, Galilée énonce clairement cette autonomie du travail scientifique vis-à-vis des représentants de Dieu : « Je dirai ici ce que j'ai entendu d'une personne ecclésiastique se trouvant dans un très haut degré de la hiérarchie, à savoir que l'intention du Saint-Esprit est de nous enseigner comment on va au ciel et non comment va le ciel[1]. »

Quatre siècles n'ont pas été de trop pour réaliser

le vœu ou la mise en garde de Galilée… si tant est qu'ils l'aient été car, comme nous l'avons vu avec les revendications des créationnistes et de leurs détracteurs, des échos du procès de Galilée continuent de nous parvenir et forment même un bruit de fond, à l'instar de celui dont l'origine remonte au *big bang* de notre univers.

Toutefois, la situation de la science a changé depuis l'époque de l'astronome italien : il n'est plus question de scruter le ciel dans la minuscule ouverture d'une lorgnette et de défendre la pertinence des observations ainsi effectuées. La science constitue désormais un véritable magistère, un vrai pouvoir qui peut influencer le cours de nos sociétés comme celui de nos esprits et de nos idéologies. Est-il dès lors étonnant qu'elle soit aujourd'hui la proie de ceux qui cherchent à détourner ce pouvoir à leur profit, à la prendre en otage ?

Le retour du cosmos

Son corps reposait depuis près de quatre siècles dans la cathédrale de l'ancienne cité de Frauenburg, aujourd'hui Frombork en Pologne ; mais il a fallu attendre le début du XXIe siècle pour qu'il reçoive enfin la sépulture et les honneurs qui reviennent à l'homme qui a introduit l'astronomie dans l'ère moderne. La publication en 1543 du *De revolutionibus* par le chanoine Nicolas Copernic avait signifié l'ouverture des hostilités entre les Églises chrétiennes et la science moderne ; la condamnation au bûcher de Giordano Bruno en 1600 et l'abjuration, combinée à la résidence surveillée, de Galileo Galilei en 1633 leur donnèrent un tour tragique qui sert aujourd'hui encore à attiser des foyers modernes de discorde. Copernic n'a pas reçu les palmes ni les honneurs du martyre, puisqu'il est mort dans son lit, après avoir vu, dit-on, le premier exemplaire de l'ouvrage où il défend l'héliocentrisme et le mouvement de la Terre ; il n'en est pas moins entré dans le panthéon de la science avec l'aura d'un révolutionnaire.

Comment imaginer dès lors qu'un prestigieux professeur de l'université de Fribourg-en-Brisgau ait pu, en 1934, donner à l'un de ses écrits un titre aussi blasphématoire que le suivant : « Renversement de la doctrine copernicienne dans l'interprétation de la vision habituelle du monde. L'arche-originaire Terre ne se meut pas » ? En réalité, Edmund Husserl ne prétend pas défendre une quelconque théorie de la Terre plate ou immobile et n'est certainement pas un nostalgique de la cosmologie précopernicienne. Alors que la communauté scientifique découvre les premiers énoncés de ce qui, une quinzaine d'années plus tard, sera baptisé la théorie du *big bang* et que, au travers de débats souvent enflammés, elle élabore une vision de l'univers aux dimensions spatio-temporelles exorbitantes, le philosophe allemand interroge le statut de la Terre et de l'humanité d'un point de vue phénoménologique, autrement dit de l'expérience vécue. Pour les humains que nous sommes, la Terre ne se meut pas, martèle-t-il ; elle n'a pour nous rien d'un corps comme peuvent l'être un navire, un avion ou même un terroir. Pour nous, la Terre n'est pas un corps, éventuellement mobile, mais un sol, autrement dit, selon Husserl, une réalité immobile ou du moins éprouvée phénoménologiquement comme telle, quand bien même, il le sait, elle est effectivement en mouvement dans le vide cosmique. La Terre est un sol pour toutes les réalités qui s'y trouvent, qui y vivent, qui en tirent leur origine, leur originalité, leur singularité.

Soyons rassurés, l'honneur de l'astronome n'a pas été entaché par les méditations du philosophe. Ces dernières, loin de remettre en cause les fondements de la cosmologie moderne, questionnent plutôt nos manières, nos comportements à l'égard de la Terre et rejoignent ainsi les études scientifiques, les courants philosophiques et les mouvements culturels qui, une trentaine d'années plus tard, aboutiront à une prise de conscience de l'état alarmant de notre planète. En 1972, pour préparer la Conférence des Nations unies sur l'environnement de Stockholm, René Dubos et Barbara Ward ont rédigé un rapport intitulé *Only One Earth* (*Nous n'avons qu'une Terre*), un titre à la teinte husserlienne[2]. Dénué de l'arrogance que le géocentrisme d'antan pouvait véhiculer, celui de l'écologie contemporaine appelle plutôt à la modestie, à la responsabilité et à l'engagement politique. Toutefois, par un effet inattendu, il a été accompagné et même associé à ce que je nomme volontiers un retour du cosmos. Je m'explique.

Rappelez-vous les raisons pour lesquelles les Anciens ont choisi le terme de cosmos pour désigner le ciel. Dans la conception du monde enseignée par Aristote et adoptée par la pensée occidentale, la Terre est le lieu de l'imperfection, de la souffrance et, en fin de compte, de la mort, alors que le ciel abrite le séjour des dieux, offre le spectacle de la ronde ordonnée des astres, bref rassemble tous les critères grecs de la beauté ; il mérite donc le nom de cosmos (ou, en grec, « ordre de l'univers »). Au divin revient le monde d'en haut ; aux humains, le monde d'en bas.

Au début du XVIIe siècle, lorsque les successeurs immédiats de Copernic s'attelèrent à élaborer une nouvelle astronomie, ils s'en prirent à cette vision duale de la réalité : Galilée affirma que la Terre était un astre comme les autres, constata que

Jupiter possédait des « lunes » pareilles à celle qui accompagne notre planète et que le Soleil présentait des taches. La révolution copernicienne sonnait le glas du cosmos et la naissance d'un univers dont le centre est partout, la circonférence nulle part, la matière homogène et les lois uniques. Il fallait donc que soient brisées les splendides sphères de cristal qui entouraient l'imparfaite Terre pour que les humains puissent s'élancer hors de leur cachot terrestre et entamer l'exploration de l'espace. Devenu désormais techniquement accessible, l'espace n'en demeure pas moins peu propice à la « démocratisation » : il reste un territoire réservé à des êtres exceptionnels qui, s'ils n'ont plus les attributs et les pouvoirs divins, n'en sont pas moins revêtus de l'étoffe des héros, couronnés de l'aura des stars et vénérés comme des idoles.

Mais là ne réside pas l'essentiel du retour du cosmos ; celui-ci apparaît surtout dans la franche tendance, pourquoi ne pas dire dans la tentation de redonner à l'espace les qualités et les traits les plus nobles. Je pense en particulier à l'engouement actuel pour les images de l'univers comme celles fournies depuis plus de trente ans par le télescope Hubble : ces images ont rempli les pages de nos magazines, qu'ils soient spécialisés ou non, ont servi de supports à de multiples émissions télévisées et ont même envahi les fonds d'écran de nos ordinateurs, au point que l'opinion publique est parvenue à contraindre la NASA de lancer une mission en mai 2009, à la limite des capacités de ses navettes spatiales vieillissantes, pour assurer un ultime entretien du célèbre télescope. Même nos catéchismes et nos élévations spirituelles ont, pour célébrer le Dieu démiurge, pour louer le Dieu créateur, abondamment puisé dans la photothèque de Hubble. Pourquoi nous en étonner ? Alors que nous sommes si nombreux à habiter en ville, à nous être éloignés du spectacle nocturne de la voûte céleste, pourquoi ne profiterions-nous pas de l'une des sources les plus anciennes et les plus avérées du sentiment religieux, j'entends la contemplation du ciel ? Pourquoi, maintenant que nos nuits urbaines sont privées d'étoiles, ne pourrions-nous pas nous enivrer de la vue des immenses draperies stellaires de l'univers, de ses pouponnières d'astres, de ses réservoirs de planètes, surtout lorsque la voix d'Hubert Reeves nous entraîne à leur découverte ? Les premières images du télescope James-Webb, lancé le 25 décembre 2021, ont d'ores et déjà commencé à susciter un pareil intérêt où l'expérience esthétique prévaut sur le désir de connaissance, puisque, de fait, cet instrument observe l'univers dans la gamme du rayonnement infrarouge, autrement dit hors de nos capacités visuelles humaines. Nous contemplerons alors un ciel transformé, mis en scène, maquillé dans le but de nous émerveiller, de nous émouvoir. Mais ne devrions-nous pas ajouter : dans le but de nous convenir, de correspondre à nos attentes ? Ne nous en étonnons pas : faire concorder notre manière de voir, d'appréhender, de comprendre le monde avec ce que nous attendons constitue en réalité l'un des principaux ressorts de l'esprit humain. Et, dans ses formes les plus extrêmes, ce ressort a un nom : le concordisme.

Selon son usage le plus courant, le concordisme désigne une manière particulière de comprendre une tradition religieuse et avant tout d'en lire les textes sacrés : il cherche, par tous les moyens, à ne pas les opposer aux connaissances scientifiques d'une époque, mais plutôt à les faire coïncider. En réalité, cette attitude religieuse, je viens de le rappeler, trouve ses racines dans l'expérience humaine la plus ancienne et la plus courante, celle qui cherche à concilier le réel avec l'imaginaire, le pouvoir avec le vouloir, le savoir avec le croire. Reconnaissons-le : nous tentons continuellement d'ajuster, de faire concorder ces éléments différents, voire opposés, qui constituent pourtant nos existences ; nous voudrions tant pouvoir prendre nos désirs pour la réalité. Rien d'étonnant dès lors si les religions sont soumises elles aussi au défi ou, devrais-je plutôt dire, à la tentation du concordisme.

Les premiers auteurs de la tradition chrétienne, les Pères de l'Église, se sont interrogés sur les manières de lire la Bible en respectant ses différents genres littéraires ; les théologiens du Moyen Âge ont ensuite enseigné la nécessité de ne pas s'en tenir à une lecture littérale, « au pied de la lettre », des textes sacrés mais plutôt d'en favoriser une interprétation raisonnable et cohérente avec le savoir humain. Pourtant, les tentatives n'ont jamais manqué de rejeter les propos scientifiques au motif de leur discordance avec la lettre biblique ou à l'inverse de tordre celle-ci pour tenter de l'accorder aux discours des savants. Aux yeux de certains polémistes religieux, ces tentatives s'avéraient indispensables pour défendre la foi menacée, selon eux, par les avancées scientifiques : à partir du XIXe siècle, la défense des fondements de la tradition chrétienne, dénommée « apologie », a bien souvent pris pour cible ou pour terrain de concordisme le champ des sciences. J'en donnerai un seul exemple, l'ouvrage de l'abbé Alexis Arduin, publié en 1883 sous un titre particulièrement explicite : *La Religion face à la science. Leçons sur l'accord entre les données de la révélation biblique et les théories scientifiques modernes.* Le pieux abbé propose en particulier d'assimiler les six jours de la Création, déroulés par le début du livre de la Genèse, aux grandes périodes géologiques. Si, à partir de la même époque, les autorités catholiques, et le pape au premier chef, s'emparent de cette question, écartent les méthodes de l'apologie prônées par l'abbé Arduin au profit d'une étude scientifique de la Bible, la tentation concordiste n'en disparaît pas moins ; la bourde de Pie XII en offre une illustration pontificale, en même temps qu'astronomique.

L'épisode en question a lieu le 22 novembre 1951, devant les membres de l'Académie pontificale des sciences rassemblés dans la somptueuse *Casina*, le siège de leur institution, au cœur de la Cité du Vatican. Pie XII est un intellectuel qui, même après avoir coiffé la tiare pontificale, trouve parfois le temps de scruter la voûte céleste depuis l'Observatoire du Vatican, la *Specola Vaticana*, à Castel Gandolfo, au sud-est de Rome. L'année précédente, le 12 août 1950, il a clairement mis ses fidèles en garde vis-à-vis de « quelques opinions fausses qui menacent de ruiner les fondements de la doctrine catholique » : son encyclique *Humani generis* a surtout visé les domaines de la paléoanthropologie et de la génétique dont les découvertes paraissaient remettre en cause le statut singulier, privilégié de l'espèce humaine. Un an plus tard, le ton est différent. Le pape semble d'abord oublier qu'il s'adresse à des scientifiques et commence par rappeler comment Thomas d'Aquin a traité la question des cinq voies possibles d'accéder à Dieu par l'exercice de la raison. Ceux qui s'étonnent de la tournure théologique prise par le discours pontifical ont rapidement la réponse à leur interrogation : sans précaution particulière, Pie XII poursuit son discours en affirmant que les connaissances scientifiques modernes conduisent à écarter la perspective matérialiste et à « remonter jusqu'à un Esprit créateur ». Et il finit par déclarer : « Il semble en vérité que la science d'aujourd'hui, remontant d'un trait des millions de siècles, ait réussi à se faire le témoin de ce *Fiat lux* initial, de cet instant où surgit du néant, avec la matière, un océan de lumière et de radiation tandis que des éléments chimiques se séparaient et s'assemblaient en millions de galaxies[3]. » Ce *Fiat lux* (« Que la lumière soit ! ») ne laisse guère planer le doute : le pape affirme que l'astrophysique donne du crédit à la doctrine chrétienne de la création *ex nihilo*, autrement dit « à partir de rien », et par suite à l'existence d'un Dieu créateur. Et il n'hésite pas à répéter sa position qui fleure bon le concordisme. À la question : « Quelle est donc l'importance de la science moderne vis-à-vis de la preuve de l'existence de Dieu tirée de la mutabilité du cosmos ? », il répond sans hésitation que la science apporte les preuves physiques, concrètes de la contingence de l'univers et, surtout, que « vers cette époque [cinq milliards d'années, selon les connaissances scientifiques de ce début des années 1950] le cosmos est sorti de la main du Créateur. Ainsi, création dans le temps ; et pour cela un Créateur ; et par conséquent Dieu ! Le voici – encore qu'implicite et imparfait – le mot que Nous demandions à la science et que la présente génération humaine attend d'elle[4] ». Sur les sièges capitonnés de la *Casina*, plus d'un académicien est ébahi par le caractère concordiste des propos du pape.

Personne ne pense évidemment un seul instant que Pie XII défende l'existence d'une quelconque preuve astrophysique de l'existence de Dieu, ni de son acte créateur : le *Fiat lux* reste un article de foi, comme l'a montré Thomas d'Aquin. En revanche, le pape se félicite ouvertement de constater l'existence d'une concordance entre le discours biblique sur l'origine du monde, sur sa création au sens théologique du terme, et la description proposée par les savants de son époque des premiers moments de notre univers. Pie XII n'hésite donc pas à adopter une posture qui peut être qualifiée de concordiste au principal motif de démontrer que la philosophie, l'idéologie matérialistes ne sont pas les seuls discours compatibles avec les données modernes de la physique et de l'astronomie. *A priori*, l'adversaire du pape n'est donc pas la science physique et astronomique mais bien plutôt ceux qui s'y réfèrent pour défendre des positions différentes et même opposées à celles des Églises et des traditions chrétiennes. Dès lors, la science ne se trouverait-elle pas prise en otage ?

La polémique ne tarde pas à naître et à enfler. En France, Paul Labérenne et Evry Schatzman, tous deux scientifiques et marxistes, critiquent sévèrement les propos du pape ; et le numéro en date du 15 décembre 1951 de *Paris Match* présente sans ambages la « nouvelle position concordiste de l'Église ».

À Bruxelles, un ecclésiastique ronge son frein : le chanoine Georges Lemaître est l'un des fondateurs de la théorie baptisée « *big bang* » en 1948 par l'un de ses opposants, l'astronome Fred Hoyle. Il y a plus de vingt ans que le savant abbé a abandonné le concordisme de sa jeunesse, allant jusqu'à professer un discordisme sans concession ; autant dire que les propos de Pie XII l'ont choqué. Mais il ne cherche pas à alimenter la polémique. Pour tenter d'infléchir la direction prise par Pie XII devant l'Académie pontificale des sciences, il attend le mois de juillet de l'année suivante et l'occasion d'un passage à Rome sur sa route vers l'Afrique du Sud où il doit participer à la célébration du cinquantième anniversaire de la South African Association for the Advancement of Science.

Rend-il visite au père Daniel O'Connell, le nouveau directeur de l'Observatoire du Vatican ? Préfère-t-il rencontrer Mgr Angelo Dell'Acqua qui œuvre à la Secrétairerie d'État ? Les historiens n'ont aucune certitude, sinon que le physicien belge a tenu à faire savoir sa désapprobation vis-à-vis d'une telle prise de position pontificale en dehors de ses champs de compétence : il ne revient pas à un pape de juger de la pertinence d'une théorie scientifique et moins encore de la rallier à la cause théologique, quand bien même il s'agirait d'un dogme aussi important que celui de la Création divine. En un discours, Pie XII a réduit en miettes tous les efforts de l'abbé Lemaître qui ne cesse de répéter que ses travaux n'ont rien d'une défense de la tradition chrétienne, quelles que soient les apparences de sa théorie.

Malheureusement, le pape ne tient pas compte des propos fort sages du futur président de l'Académie pontificale des sciences. Lorsque, le 7 septembre 1952, Pie XII reçoit les congressistes de la huitième assemblée de l'Union astronomique internationale à Castel Gandolfo, il ne mentionne toujours pas les travaux du savant chanoine et, surtout, ne modifie en rien les grandes lignes de sa pensée. Toujours enthousiasmé par la capacité de l'esprit humain à scruter les galaxies, à remonter le cours du temps pour rejoindre le « premier matin de la

Création », il finit cette fois par conclure que « les énigmes renfermées dans l'univers physique [...] postulent donc et indiquent l'existence d'un Esprit infiniment supérieur, de l'Esprit divin, qui crée, conserve, gouverne, et par conséquent connaît et scrute, dans une suprême intuition, aujourd'hui comme à l'aube du premier jour de la Création, tout ce qui existe[5] ». Loin de l'autonomie prônée par Lemaître entre la cosmologie physique et l'option théologique, les propos du pape conservent la connotation concordiste du discours de 1951.

Sans verser dans une attitude aussi explicitement confessante, ne manquons pas de remarquer que la tentation concordiste peut parfois frapper d'« innocents » scientifiques. J'en donnerai pour seule illustration le cas de l'étoile des mages.

La visite de Gaspard, Melchior et Balthazar à l'enfant de Noël appartient désormais au trésor légendaire de l'humanité ; le texte évangélique qui en est à l'origine est connu : « Jésus était né à Bethléem en Judée, au temps du roi Hérode le Grand, raconte le texte attribué à l'évangéliste Matthieu. Or, voici que des mages venus d'Orient arrivèrent à Jérusalem et demandèrent : "Où est le roi des Juifs qui vient de naître ? Nous avons vu son étoile à l'orient et nous sommes venus nous prosterner devant lui."[6] » C'est ce que finissent par faire ces mystérieux personnages, affublés par la tradition hagiographique d'un titre royal, avant d'offrir à l'enfant et à ses parents des cadeaux dignes de leur propre rang et de celui attribué au nouveau-né par les configurations astrales.

D'un point de vue théologique, la leçon est limpide : l'astrologie, qui à l'époque se confond avec l'astronomie, doit céder le pas à la sagesse, aux connaissances contenues dans la Bible. Si les mages sont parvenus à Jérusalem grâce à l'observation de cette mystérieuse étoile, ils doivent ensuite recourir au savoir des prêtres pour atteindre leur destination finale. Une pareille soumission est allégoriquement exigée de l'astre mystérieux lui-même. Jésus n'est pas « né sous une bonne étoile » comme le sont les grands personnages de l'histoire ; à en croire le texte évangélique, c'est au contraire l'étoile qui s'est arrêtée au-dessus du rustique mais royal berceau. À la fin du VIe siècle, Grégoire le Grand a défendu cette interprétation du texte évangélique : « Puisque ce n'est pas l'enfant qui courut vers l'étoile, mais bien, si l'on peut dire, l'étoile vers l'enfant, ce n'est pas non plus l'étoile qui fixa le destin de l'enfant, mais cet enfant nouveau-né qui fixa le destin de l'étoile. » Tel est l'enseignement théologique de cet épisode légendaire dont le mot de Dalmace Leroy apparaît comme un écho : pour finir, inviter César à rendre à Dieu ce qui revient à ce dernier.

Mais venons-en aux astronomes contemporains. Les bonnes feuilles des marronniers médiatiques dont je parlais précédemment ne s'intéressent guère à la lecture théologique précédente ; elles lui préfèrent une autre question qui titille la curiosité des lecteurs ou des auditeurs, mais fleure tout aussi bon le concordisme : est-il possible d'identifier l'étoile des rois mages ?

Il y a belle lurette que les astronomes ont écarté toute confusion possible entre l'étoile des mages et celle communément appelée l'étoile du Berger : Vénus, puisqu'il s'agit du même astre, est bien trop présente dans notre ciel pour avoir pu servir de signal, de fanal aux trois pèlerins de Bethléem. Jamais dépourvus de ressources, les savants interrogés ont donc avancé plusieurs autres hypothèses. La mystérieuse étoile serait-elle une nova ou une supernova, autrement dit l'une de ces étoiles qui finissent par exploser, dans un éclaboussement de lumière de plusieurs mois ? Malheureusement pour les amateurs de concordisme, les archives du ciel ne recèlent aucune trace d'un tel phénomène durant le règne d'Hérode le Grand. Le récit évangélique ferait-il allusion à un passage de la fameuse comète de Halley ? Incidemment, la fresque de l'adoration des mages que Giotto a peinte à Padoue en 1303 figure une comète dans le ciel au-dessus de la crèche… Malheureusement encore, ladite comète est passée dans le ciel soixante-six ans avant la naissance présumée de Jésus. Il reste une dernière solution qui a désormais les faveurs des astronomes : un phénomène de conjonction entre Jupiter et Saturne. Et, justement, les deux planètes se sont rapprochées à trois reprises en l'an 7 avant notre ère, autrement dit à une époque où vivait le roi Hérode le Grand. Tout paraît donc concorder, même les apparitions successives de l'étoile aux mages, toujours à en suivre le récit.

Je ne doute pas que les astronomes d'aujourd'hui soient flattés de montrer leur capacité à décrire l'aspect du ciel il y a deux mille ans ; mais que font-ils d'autre que de sacrifier à la cause concordiste ou, pour le moins, d'y apporter leur soutien en cherchant, bien innocemment sans doute, des preuves de la réalité des événements célébrés par les chrétiens au cours des fêtes de Noël ? Ce qui peut être considéré ou défendu comme un simple divertissement intellectuel n'en constitue pas moins, j'en suis convaincu, une manière de prendre la science en otage et, dans le même temps, de si bien chercher le signe céleste que le message signifié, ici le propos théologique, finit par être oublié. Traquer une supernova « vieille » de deux mille ans ou parvenir à reconstituer une conjonction planétaire dans un passé aussi lointain ne devrait pas empêcher de se pencher sur le sens théologique et premier de ce récit de Noël. Celui-ci n'a que faire du folklore de ces visiteurs venus d'Orient pour renforcer son caractère singulier : qu'elle plaise ou non, qu'elle soit crue ou non, la naissance de l'Enfant Jésus, de Dieu-fait-homme, ouvre une nouvelle ère qui n'est pas seulement calendaire. L'événement marque un avant et un après dans la pensée de l'humanité, dans sa morale, dans sa théologie ; l'un de mes professeurs de théologie le qualifiait de « brèche dans l'histoire de l'humanité », il aurait pu parler d'un *big bang*...

Le dieu des cintres

Nous aimons les énigmes... pour autant que nous parvenions à les résoudre ! Pie XII le sait, lorsqu'il évoque celles que renferme l'univers et qui, nous devons bien l'admettre, résistent à nos fins limiers scientifiques, munis pourtant des ordinateurs les plus puissants et des télescopes à la vue la plus perçante que les humains aient jamais conçus. Il le sait et il peut donc avancer l'idée selon laquelle « Dieu » serait l'ultime solution à toutes les énigmes auxquelles se heurte notre quête de savoir. Loin de moi l'idée d'intenter ici un procès contre le défunt pape ; son discours de 1952 invite en revanche à nous interroger sur cette manière d'articuler le divin à notre savante et moderne ignorance : avons-nous réellement pris au sérieux l'invitation faite par Galilée, répétée par Dalmace Leroy, remise au goût du jour par le paléontologue Stephen Jay Gould ? Celle de ne pas confondre la mécanique céleste avec la quête spirituelle, de rendre à César et à Dieu ce qu'il leur revient, bref de ne pas mélanger les magistères, les autorités des sciences et celles des religions[7].

En parcourant l'histoire des sciences, nous devons bien reconnaître qu'il n'est pas toujours aisé de suivre cette invitation. Face à l'immense tâche d'expliquer la mécanique céleste en écartant la Terre du centre de l'univers, en oubliant l'aide des anges pour faire circuler les astres et en usant des ressources des seules mathématiques, les astronomes qui ont fomenté la révolution du début du XVIIe siècle n'ont pas facilité la tâche de la science. Ils se sont vite retrouvés en face d'une *terra incognita*, truffée de redoutables chausse-trapes.

Nous le savons, l'immense Isaac Newton n'a pas seulement étudié les « principes mathématiques de la philosophie naturelle », pour traduire le titre latin de son œuvre maîtresse publiée en 1687 : *Philosophia naturalis principia mathematica* ; il s'est intéressé avec le même enthousiasme à la théologie et à l'alchimie. Est-ce la raison pour laquelle il n'a pas hésité à faire appel à Dieu pour combler les lacunes de son savoir ? L'affaire est connue des scientifiques et des historiens. Le savant anglais s'est penché sur le mouvement des planètes autant que sur la chute des pommes : la loi universelle de la gravitation, ou de l'attraction universelle, est une manière d'unir la mécanique terrestre et la mécanique céleste. Grâce à cette loi, Newton a donc été capable de calculer la rotation des planètes sous l'effet de l'attraction du Soleil ; mais il n'a pas oublié que les planètes interagissent aussi entre elles et, ce faisant, perturbent l'ordre céleste sur lequel « règne » le Soleil. Il a donc avancé l'existence d'une action extérieure au système solaire, celle d'une intelligence supérieure (l'*intelligent design*), pour en assurer la stabilité durable. Fasciné par « l'admirable arrangement du Soleil, des planètes et des comètes » qui se meuvent dans un même plan, selon la même direction alors que rien, à en croire sa physique, ne les y oblige, le savant a de même affirmé que cet arrangement « ne peut être que l'ouvrage d'un être tout-puissant et intelligent ».

Par la suite, les successeurs de Newton ont montré qu'il n'est pas nécessaire de faire appel à un *Deus ex machina*, à un dieu descendu des cintres du théâtre qu'est le monde (le *theatrum mundi* des auteurs baroques), à un dieu bouche-trous selon une autre expression commune (le *God of the gaps* de la littérature anglophone), pour expliquer les routes du ciel à l'aide de la mécanique newtonienne. Voilà de quoi rassurer ceux qui craignaient que la méthode de colmatage employée par le savant anglais puisse trop aisément apaiser la soif de savoir et la faim de connaître dont aime à s'enorgueillir *Homo sapiens sapiens*. Qui plus est, cet épisode de l'histoire des sciences a servi de leçon, à en croire le dialogue désormais célèbre entre Napoléon Bonaparte et Pierre-Simon Laplace. Le savant avait offert au général son *Exposition du système du monde*, publiée en 1796. Bonaparte lui aurait fait remarquer : « Newton a parlé de Dieu dans son livre. J'ai déjà parcouru le vôtre et je n'y ai pas trouvé ce nom une seule fois. » À quoi Laplace aurait répondu : « Citoyen Premier consul, je n'ai pas eu besoin de cette hypothèse. » Je ne suis absolument pas persuadé que l'astronome ait alors tenu à faire profession d'athéisme ; il paraît bien plus vraisemblable qu'il ait seulement affirmé avoir trouvé des solutions mathématiques aux inquiétudes de son prédécesseur anglais, sans qu'il soit nécessaire de recourir aux services d'un dieu bouche-trous.

La mort de Dieu annoncée par Nietzsche n'a pas délivré les savants et les croyants de la tentation de recourir au *Deus ex machina* et à ses avatars. Comment ne pas nous souvenir d'une bourde aussi énorme que celle de Pie XII faite cette fois par un « pape » de la science, Albert Einstein ? Le savant à la célèbre moustache entretenait une relation particulière avec Dieu, une relation dont l'une des descriptions les plus justes se trouve sous la plume de Raymond Ruyer. Dans *La Gnose de Princeton*, le philosophe nancéen a écrit : « Dieu est un très vieux Père, à la fois vénérable et taquinable. C'est en même temps un Complice et une sorte de Patron, dont on connaît beaucoup de secrets, mais non pas tous les secrets – d'où son prestige subsistant. Penser l'univers, c'est taquiner Dieu, c'est jouer à être Dieu, c'est jouer avec Dieu, ou, comme disait Einstein, avec "le Vieux"[8]. »

Malheureusement pour Einstein, sa manière de penser l'univers (et de taquiner le Vieux...) se voit contredite par un article publié en avril 1927 par ce jeune scientifique belge dont j'ai déjà parlé, l'abbé Georges Lemaître. Le titre de la publication est assez explicite : « Un univers homogène de masse constante et de rayon croissant, rendant compte de la vitesse radiale des nébuleuses extragalactiques ». Lemaître ne manque pas d'audace : la communauté scientifique d'alors, Einstein y compris, est encore fermement attachée aux modèles d'univers statique et écarte l'idée d'un univers « de rayon croissant », autrement dit en expansion. Pour faire bonne figure et ne pas choquer ses collègues, le jeune chercheur propose donc un modèle d'espace sphérique qui « gonfle » d'une manière exponentielle avec le temps, à partir d'un état effectivement statique qui se trouve infiniment reculé dans le passé. Quelques mois après avoir publié son article, Lemaître rencontre Einstein à Bruxelles ; ce dernier est catégorique : du point de vue physique, cette nouvelle théorie lui paraît « abominable ». L'abbé défend sa cause et ose même aller plus loin : il cite l'article publié par Alexandre Friedmann en 1922, « Sur la courbure de l'espace », qui pose explicitement la question du commencement et de la fin de l'univers, en même temps que les bases de la plupart des modèles ultérieurs d'univers en expansion à partir d'un « atome primitif », c'est-à-dire d'une singularité initiale.

Même si Lemaître s'appuie sur la théorie de la relativité générale pour avancer son hypothèse d'un univers en expansion, Einstein n'en démord pas : la matière n'a pas et ne peut avoir ni commencement ni mouvement. Le savant en est tellement convaincu qu'il choisit de mutiler ses propres équations et d'y introduire un terme capable de contrebalancer les forces d'attraction gravitationnelle à grande distance et, ainsi, d'assurer l'immutabilité de l'univers. Une véritable opération *ex machina*, une « machination » mathématique destinée à sauver sa vision personnelle du monde. Einstein ne le sait pas encore à cette époque mais il le reconnaîtra plus tard : il a fait la plus grosse erreur de sa vie.

J'en viens maintenant à l'avatar le plus récent du *Deus ex machina*, qui n'a pas tout à fait les allures d'un Dieu bouche-trous mais n'en descend pas moins des cintres, précédé, il faut en convenir, d'une impressionnante escorte… de zéros ! Ceux-ci sont nécessaires, nous explique-t-on, pour mesurer l'extrême finesse avec laquelle sont ajustées les constantes qui permettent d'expliquer le commencement, l'évolution et l'état de notre univers. Les scientifiques s'accordent pour dire que la plus petite différence, la plus infime variation dans les valeurs de ces constantes auraient signifié l'impossibilité pour notre univers d'exister ; mais ils sont incapables d'expliquer l'origine d'un ajustement aussi précis, de ce *fine tuning* selon l'expression inspirée des techniques de radiocommunication. De nombreuses hypothèses ont été avancées, comme celle bien connue des mondes parallèles dont chacun « essaierait » des valeurs, des combinaisons possibles de ces constantes. Mais est-il possible de trouver une explication sinon simple, du moins scientifiquement solide à une réalité volontiers qualifiée par ceux qui l'étudient de fascinante, de mystérieuse et même de miraculeuse ? Il ne s'agit plus à proprement parler de combler les brèches de notre savoir qui est déjà capable de constater et de décrire la complexité singulière de l'univers ; il s'agit d'expliquer pourquoi le monde étudié par les sciences a les qualités, les propriétés qu'il présente. Serions-nous une fois encore contraints, puisque la physique paraît marquer le pas, de faire appel à la métaphysique et même d'invoquer une intelligence supérieure, un Créateur ?

C'est un fait, les découvertes récentes dans le domaine de la cosmologie peuvent susciter l'enthousiasme et justifier le recours à des formules comme « le mystérieux réglage de l'univers », « l'improbable synthèse du lithium », « la prodigieuse conservation du béryllium » ou encore « le réglage magique de la force électromagnétique ». Dans la même veine emphatique, les auteurs de l'ouvrage d'où j'ai extrait ces expressions ont choisi de baptiser l'une des constantes cosmologiques, la constante de Planck, du nom de « constante théologique », « parce qu'elle leur semble participer directement au projet de Dieu ». Et de conclure : la discussion est close. « L'univers n'est pas né du hasard. L'existence d'un dieu créateur est incontournable[9]. » Voilà l'ultime *Deus ex machina*, plus efficace encore que celui qui se contente de boucher les trous, car celui-ci s'impose « par le haut » et « par miracle », interrompt toute interrogation et n'a plus qu'à attendre la vénération des fidèles.

Ces nouveaux « machinistes de Dieu » sont sans doute de bonne volonté et même de bonne foi ; leur enthousiasme est-il pour autant d'inspiration divine ? Parce qu'ils ne doutent de rien, ces nouveaux croisés estiment qu'attribuer à Dieu la (miraculeuse ou diabolique ?) précision de l'horloge de l'univers suffit à faire plier le genou et la nuque des infidèles modernes. Certes, le Créateur qu'ils prêchent ne risque pas de sitôt de se retrouver enfoui par l'avancement des sciences qui parviennent à combler, même lentement, les trous de leurs ignorances ; les mondes parallèles nous restent par définition et pour longtemps inaccessibles. Ils oublient pourtant que la foi ne repose pas sur des preuves, surtout si elles sont ainsi imposées, mais avant tout sur la possibilité de poser, d'entendre et de répondre à une question : « Crois-tu ? » S'il n'est pas associé à une telle interrogation, le miracle le plus époustouflant court le danger de n'être qu'un artifice de théâtre, qu'une illusion. Je suis persuadé qu'il faut raison et foi garder.

De menaçantes illusions

Lorsqu'il entreprend de voir et de faire voir « le phénomène humain », d'en tracer l'évolution depuis « l'étoffe de l'univers » jusqu'à « la Terre finale », Pierre Teilhard de Chardin précise d'emblée à ses lecteurs : « Quand j'essaierai de me figurer le Monde avant les origines de la Vie, ou la Vie au Paléozoïque, je n'oublierai pas qu'il y aurait contradiction cosmique à imaginer un Homme spectateur de ces phases antérieures à l'apparition de toute Pensée sur Terre. Je ne prétendrai donc pas les décrire comme elles ont été réellement, mais comme nous devons nous les représenter afin que le Monde soit vrai en ce moment pour nous : le Passé, non en soi, mais tel qu'il apparaît à un observateur placé sur le sommet avancé où nous a placés l'Évolution[10]. »

Reconnaissons-le : pareille mise en garde, pareille prudence ne figurent pas au seuil de tous les ouvrages qui se proposent ou prétendent offrir une vision de l'humanité, du vivant ou de l'univers, de leur histoire, de leurs origines et de leurs destinées. Pourtant, eux aussi offrent une description du monde telle qu'elle puisse être considérée comme vraie pour leurs auteurs et, autant que possible, vraie pour nous. Mais, au-delà de la conscience d'offrir une vérité limitée, conditionnée, comment être certain qu'il ne s'agit pas d'une interprétation erronée de la réalité ou d'une trop lointaine apparence de celle-ci pour pouvoir être prise en considération ?

L'illusion n'a pas seulement fasciné les gens du

spectacle au point qu'ils en ont fait une partie de leur art ; elle a d'abord et surtout intéressé les philosophes. De la caverne de Platon aux penseurs modernes, en passant par Nietzsche et Freud, rares sont ceux à ne pas s'être frottés aux défis lancés par les multiples formes d'illusion. Ainsi ont-ils entrepris d'élaborer des théories de la connaissance ou encore de dénoncer les excès des croyances, les méfaits des superstitions. Ces dernières décennies leur ont fourni, je n'en doute pas un instant, une riche matière à penser et, surtout, de nombreuses occasions de faire œuvre philosophique au service d'une cité humaine aux dimensions de plus en plus larges et aux aspirations de moins en moins assurées. Une cité où les illusions ne manquent pas.

Les courants créationnistes ne sont pas seulement un objet d'étude particulièrement pertinent et même stimulant pour qui s'intéresse au dossier Science et Religion ; ils devraient être aussi et surtout la cause d'un vrai et profond souci : comment l'avancement des sciences peut-il avoir pour effet un tel recul de la foi ? Pour avoir osé ouvrir la perspective d'un dialogue entre les savants qui œuvraient dans le sillage de Charles Darwin et les enseignements de la tradition chrétienne sur la création du monde, le père Dalmace Leroy, en invitant à distinguer ce qui relevait de l'un et de l'autre de ces domaines afin d'instaurer un respect mutuel, s'est vu condamner par les autorités de l'Église catholique au silence du cloître. À la même époque, les États-Unis, à peine remis d'une sanglante guerre de Sécession et de la mythique conquête de l'Ouest, assistent à la naissance de mouvements hostiles à une autre conquête, intellectuelle celle-là, celle de l'histoire, de l'origine et de l'évolution des espèces qui ont vécu et vivent encore sur Terre. Pour leurs partisans, la théorie de l'évolution est une vaste supercherie inspirée par Satan dont Darwin n'est ni plus ni moins qu'un suppôt.

L'histoire moderne du créationnisme, ou plutôt des créationnismes, constitue l'une des illustrations les plus tragiques du mot d'Arthur C. Clarke : « Une foi incapable de survivre à une rencontre avec la vérité ne mérite pas qu'on la regrette[11]. » Comment regretter en effet ce *Creation Museum* et ces autres lieux de vulgarisation de la bonne parole créationniste où le propos biblique est transformé en de grotesques mises en scène qui prétendent « prouver » qu'Adam et Ève batifolaient avec de sympathiques dinosaures au milieu du jardin d'Éden ? Comment regretter ces expériences loufoques qui visent à reproduire dans une baignoire les effets présumés du Déluge sur la formation du pétrole, ressource indispensable à l'économie du

Texas, l'un des fiefs du créationnisme américain ? Comment regretter un argumentaire qui se réduit à « Si vous avez tort ou avez le moindre doute sur vos connaissances… alors j'ai raison ! » ? Comment regretter des prédications dont le fondement théologique se réduit trop souvent au touchant *credo* de Mrs Barlow, l'une des patientes du père de Charles Darwin : « Docteur, je sais que le sucre est doux à ma bouche, et je sais que mon Rédempteur est vivant » ? Je pourrais poursuivre cette liste de non-regrets.

Je ne juge pas ces croyants ; je trouve émouvant et même tragique de les voir encombrés et aveuglés par de singuliers *a priori* et de pesants interdits. Je comprends qu'ils puissent aimer se croire les uniques descendants d'un couple aussi magnifique que l'Adam et l'Ève de nos cathédrales et de nos peintures classiques ; enfants, n'avons-nous pas rêvé d'être les rejetons de quelque famille princière, de sortir d'une manière ou d'une autre de la cuisse de Jupiter ? Je comprends que, influencés par l'imaginaire occidental qui a longtemps associé le diable à la figure du singe, ils s'offusquent de le trouver sur une branche proche de la nôtre dans l'arbre généalogique du vivant. Mais comment ne pas rougir de réduire la foi chrétienne à de telles terreurs infantiles ? Comment ne pas avoir honte de tordre aussi bien le propos scientifique que l'esprit religieux afin de conserver, de protéger une illusion réconfortante ?

Passe encore de nier l'existence des théories de l'évolution et d'entreprendre d'en empêcher par tous les moyens l'enseignement dans les écoles et les universités : la stratégie des premiers créationnistes avait du moins pour elle de ne pas « toucher » à la science, mais de l'écarter en refusant toute compromission. En revanche, camoufler, grimer les textes bibliques pour leur donner les allures d'articles scientifiques, créer des preuves chargées de faire coïncider cette (pseudo) réalité avec l'histoire sainte ou encore traquer le moindre trou dans les savoirs actuels pour y imposer un Dieu qui puisse le colmater, c'est recourir à la falsification, à l'illusion pour chercher à contrôler un des champs les plus intimes de la personne humaine : sa foi. Je ne saurais souscrire à de telles manœuvres.

La vérité dont parle Clarke ne relève en rien d'une supercherie… sauf à prétendre, comme nos prédécesseurs l'ont longtemps pensé, que les fossiles ne sont que des jeux de la nature. Les fossiles ont au contraire servi à poser les fondations de l'un des édifices intellectuels les plus impressionnants que la pensée humaine ait construits : l'histoire du vivant sur Terre. Les savants français qui ont prospecté les carrières du Bassin parisien ont compris que les pierres aux formes aussi étranges que familières qu'ils déterraient étaient les témoins de mondes disparus dont ils allaient peu à peu découvrir les liens généalogiques avec le nôtre. Mais ces fossiles sont aussi des pierres d'achoppement, des obstacles pour ceux qui tiennent à croire coûte que coûte à un monde créé une fois pour toutes par une Intelligence supérieure, par un Créateur dont l'esprit serait aussi ordonné que les vitrines et les casiers d'un muséum d'histoire naturelle. Les fossiles ont fini par briser les cloisons de ces classifications, tout comme ont été brisées les sphères du cosmos antique.

Je le sais : la vérité qui a émergé des fouilles des paléontologues, celle qu'a devinée Gregor Mendel en croisant des variétés de pois dans les jardins de son cloître, celle que dévoile le code de l'ADN, n'a pas la simplicité rassurante d'un mythe des origines ; elle ne se laisse pas enfermer dans des formules mathématiques, ni même dans des notions comme celles de variation, d'adaptation, d'hérédité ou encore de sélection et de hasard. Et les théories qui tentent de l'approcher sont les œuvres de chercheurs, sont imprégnées d'*a priori*, reflètent bien évidemment leurs représentations du monde, leurs convictions, leurs idéologies. Elles n'en offrent pas moins des vérités sur le vivant et sur nous-mêmes qu'il est vain d'ignorer, de dénigrer, de condamner.

Il est tout aussi inutile et même malhonnête

d'accuser ces théories de tous les maux actuels dont souffrent nos sociétés. « Qui veut noyer son singe l'accuse de la rage » : les créationnistes recourent volontiers à cette méthode proverbiale à l'égard des théories évolutionnistes. Une image de propagande, sans doute publiée après la Seconde Guerre mondiale, met en scène un légionnaire qui brandit une hache pour abattre un arbre. Sur son casque figure une croix : il s'agit d'un défenseur de la foi. Sur la souche de l'arbre, au-dessus de l'entaille, est inscrit le mot « Évolution » ; sa ramure est fournie mais il ne porte ni feuille ni fruit. Chacune de ses branches est baptisée d'un mal dont souffre notre époque : racisme, paganisme, avortement, euthanasie, eugénisme, nazisme, communisme, athéisme, culture de la drogue, perversion sexuelle, pornographie, mouvement féministe radical, etc. Mais la bonne parole créationniste, matérialisée par la hache et le geste puissant du soldat, vient sauver nos sociétés de tous ces dangers...

Caricaturale, cette image ne l'est peut-être pas. Des publications plus récentes, d'obédience chrétienne ou musulmane, montrent les mêmes excès dans le jugement, les mêmes falsifications dans la manière de présenter les démarches et les théories scientifiques, les mêmes manœuvres pour faire concorder les propos sacrés avec la réalité telle qu'elle se révèle sous l'œil des télescopes ou des microscopes. Savoir que les propos créationnistes sont diffusés dans certaines écoles et en classe de sciences, aux États-Unis et en Europe, confirme non seulement la nécessité d'enseigner les fondements de la méthode scientifique, mais aussi l'impérieux besoin d'intelligence théologique pour les fidèles de quelque religion ou obédience qu'ils soient. Sauf à vouloir entretenir l'illusion religieuse.

Ne jetons pas trop vite la pierre, ou le fossile, à la tête des créationnistes ! Au cours du XXe siècle, ils n'ont pas été les seuls à prendre en otage les sciences, en particulier les sciences du vivant, pour en offrir de dangereuses apparences ; à côté de l'idéologie religieuse, l'idéologie communiste a elle aussi cherché à faire illusion.

Ce ne sont pas l'ascenseur social, le stakhanovisme ou un fait de guerre qui ont mené Trofim Denissovitch Lyssenko de son statut de jardinier ukrainien à celui de membre de l'Académie des sciences soviétique et de conseiller de Staline, mais une idée élaborée par un agronome amateur, Yvan Mitchourine, dont il s'est fait le héraut. Une idée selon laquelle la nature des plantes peut être modifiée par les conditions du milieu ; une idée plus compatible avec la doctrine communiste que celle de l'hérédité des caractères génétiques, qualifiée par les maîtres du Kremlin et leurs partisans de « science bourgeoise ».

L'histoire du lyssenkisme présente plus d'une analogie avec celle du créationnisme : lorsqu'il est question de faire entrer des idées dans un cadre prédéterminé, il n'existe qu'un nombre limité de chausse-pieds efficaces. Le « professeur aux pieds nus », devenu héros de l'Union soviétique, n'a eu aucun scrupule à recourir à ses appuis politiques grandissants pour éliminer ceux qui lui barraient la route : quiconque avait l'audace de mettre en question sa théorie courait le risque de subir une purge politique, d'être emprisonné ; le goulag soviétique prit la suite des prisons et des bûchers de l'Inquisition. Le plus dramatique reste que l'application des théories de Lyssenko, au lieu d'augmenter la production agricole soviétique, l'a fait au contraire chuter et a augmenté la famine dans la population de l'URSS. Lyssenko, s'appuyant sur ses titres officiels et ses décorations plus que sur des travaux confirmés, n'en a pas moins continué à accumuler les promesses, comme celle d'augmenter le rendement de la culture du blé grâce à l'une de ses variétés « éduquées ».

Au moment où, de l'autre côté du rideau de fer, les partisans de la « science de la Création » cherchaient à l'imposer dans les écoles au même titre que la science de l'évolution, Lyssenko faisait la promotion de la théorie des deux sciences : la science bourgeoise, fausse par essence, et la science prolétarienne, la « vraie science », celle qu'il avait fondée.

Il a fallu attendre la chute de Khrouchtchev pour que Lyssenko perde ses appuis politiques et soit démis de ses fonctions ; alors seulement, la biologie moléculaire, la génétique, la biophysique et la biochimie ont pu prendre la place de la biologie de Mitchourine et de Lyssenko dans l'enseignement et dans les laboratoires soviétiques.

Je n'oublie pas la nécessité de rendre à César et à Dieu ce qu'il leur revient, et de faire de même pour Mendel, Lyssenko ou Lénine… La tragédie du lyssenkisme (car, contrairement aux créationnismes, il a entraîné de véritables drames humains) est liée à un contexte particulier, celui de la politique de collectivisation de l'agriculture de l'Union soviétique, d'un défi alimentaire à relever sur fond d'une idéologie aussi dominante que celle d'une religion. Les oppositions religieuses au progrès des sciences depuis deux siècles n'ont fort heureusement pas eu d'aussi tragiques conséquences ; elles ont tout de même défié l'un des fondements de nos démocraties, j'entends l'éducation et la valeur du savoir, l'autorité des maîtres et des enseignants, et elles continuent à le faire ; nous sommes nombreux à souhaiter que ces difficultés finissent par disparaître et à œuvrer dans ce sens. Car le lyssenkisme est là pour nous rappeler qu'il faut rester prudent : les sciences du vivant, sans doute parce qu'elles nous concernent plus directement que celles de l'univers, restent toujours sous la menace d'illusions.

J'en veux pour autre exemple celui d'un mouvement qui a trouvé son porte-drapeau dans un ouvrage paru en 2006 : *The God Delusion*, littéralement « L'Illusion Dieu », que l'éditeur français a choisi de publier sous le titre *Pour en finir avec Dieu*. Avec ce livre, vendu à deux millions d'exemplaires dans sa version anglaise, Richard Dawkins a rejoint la proue de l'athéisme militant contemporain où se tient, en France, Michel Onfray. L'originalité de Dawkins, qui lui vaut d'être évoqué ici, est d'être aussi un éminent scientifique, un théoricien de l'évolution reconnu et l'auteur de la théorie dite du « gène égoïste ». Celle-ci confère un rôle privilégié aux gènes, ces « réplicateurs » moléculaires qui se divisent, se recombinent et dont les êtres vivants, y compris nous les humains, ne seraient que des porteurs, des machines de survie. Autrement dit, Dawkins a résolu l'énigme de la poule et de l'œuf : le poussin est le moyen trouvé par les œufs pour produire plus d'œufs. Les gènes seraient donc de grands égoïstes.

Il est inutile de préciser que cette théorie a suscité de nombreuses controverses à l'intérieur comme à l'extérieur de la communauté des biologistes de l'évolution. Le chercheur d'Oxford a eu beau préciser que « n'importe qui peut voir facilement que les gènes ne contrôlent pas leurs créations au sens fort du "déterminisme" objet de la critique. Nous les défions sans effort (enfin presque) chaque fois que nous utilisons la contraception[12] », sa théorie semble plaider en faveur d'une approche essentiellement génétique des comportements, aussi bien animaux qu'humains, sans pour autant la justifier par la seule application d'un réductionnisme méthodologique. À le lire et quelles que soient ses précautions oratoires, il faudrait bel et bien réduire le vivant, les humains à la seule perspective génétique, sans tenir compte de leurs autres dimensions ; il conviendrait même de chercher à les diriger grâce au seul savoir et au seul pouvoir des sciences.

Quoi d'étonnant dès lors si Dawkins, au-delà du combat qu'il mène contre les créationnistes pour en dénoncer les mensonges et les illusions, s'en prend à tous les domaines qui prétendent s'opposer à la vision scientifique du monde, à la voie de la seule raison ? Tel est le motif de son ouvrage à succès consacré à l'illusion, aux illusions que véhicule l'idée de Dieu.

Défenseur du rationalisme, membre de la British Humanist Association, fondateur de la Richard Dawkins Foundation for Reason and Science, anticlérical notoire, il a soutenu une tentative de mise en accusation du pape Benoît XVI pour crimes contre l'humanité, ce que, soit dit en passant, les créationnistes n'ont pas osé faire contre Charles Darwin. Autant dire que Dawkins ne manque ni de dossiers, ni d'expérience pour mener sa croisade contre l'illusion divine.

Après avoir accordé aux créationnistes d'être de bonne foi, j'aurais mauvaise conscience de ne pas faire de même en faveur de l'auteur de *God Delusion*. Et, de fait, il entame sa diatribe contre Dieu et les religions par une revue critique des questions que pose une existence divine et des réponses qui y ont été apportées. Sa conclusion ne surprend personne : postuler l'existence d'un être complexe pour expliquer la complexité du réel n'est pas la solution la plus simple ; il serait préférable selon lui d'envisager un univers sans Dieu. L'idée de transcendance ferait-elle peur à Dawkins ? Des philosophes n'ont pas manqué de mettre en cause la faiblesse des arguments du scientifique qui, en se moquant de la séparation des domaines prônée par Galilée, paraît empiéter sur leurs plates-bandes ; je leur concéderai le bénéfice de ma propre incompétence. En revanche, je trouve sa démarche honnête et loin d'être dénuée d'intérêt.

La suite de son ouvrage l'est moins, lorsqu'il prend le chemin, si fréquenté qu'il en devient piétiné et creusé d'ornières, de la critique psychologique et morale des religions. Il peut évidemment s'appuyer sur ses propres travaux, sur ceux de la sociobiologie et de la psychologie pour interroger les racines des croyances et des systèmes religieux, leurs valeurs en termes de sélection et de survie, mais aussi leur caractère viral, leur fanatisme, leur intolérance, leur recours à l'endoctrinement, bref tous les abus dont les religions peuvent se montrer coupables. Rien de bien nouveau sous le soleil des critiques rationalistes et anticléricales : elles décrivent de tragiques réalités, passées ou présentes, qui méritent d'être dénoncées, mais ne reculent pas devant des simplifications qui relèvent au mieux de la naïveté, parfois aussi de l'outrance.

Richard Dawkins conclut son ouvrage sur une question importante qui hante la pensée philosophique : en fin de compte et malgré leurs défauts, les religions ne sont-elles pas nécessaires aux sociétés et à leurs membres ? N'avons-nous pas besoin de consolation et d'inspiration ? Le théoricien du « gène égoïste » ne nie pas ce besoin, mais il estime que la science et la philosophie remplissent ces fonctions plus efficacement et moins dangereusement que les religions dont les réponses s'avèrent en définitive trop imparfaites, trop insatisfaisantes ; c'est pourquoi il propose son aide à ceux qui décideraient de leur échapper. Dans cet esprit, sa fondation propose The Clergy Project, « une communauté en ligne confidentielle pour les membres actifs et les anciens membres du clergé qui n'ont plus de croyances surnaturelles. C'est une "maison sûre" (*safe house*) où les membres peuvent discuter anonymement et librement des défis auxquels ils sont confrontés en quittant le ministère et en établissant une nouvelle vie[13] ». Dawkins serait-il tout compte fait un bon Samaritain altruiste ?...

Le visiteur de la basilique Santa Croce, à Florence, s'étonne peut-être de découvrir, en face de la tombe de Michel-Ange, un mausolée érigé en 1736 en l'honneur de Galilée. À sa mort, le 8 janvier 1642, une telle sépulture lui avait été évidemment refusée et son corps n'avait été déposé que très discrètement dans la chapelle Médicis de cette église... Après l'érection de ce mausolée, il faut encore attendre deux siècles et demi pour que, le 31 octobre 1992, devant les membres de l'Académie pontificale des sciences, le pape Jean-Paul II rende hommage au savant italien et reconnaisse : « L'erreur des théologiens d'alors, quand ils soutenaient la centralité de la Terre, fut de penser que notre connaissance de la structure du monde physique était, d'une certaine manière, imposée par le sens littéral de l'Écriture Sainte. »

Errare humanum est, perseverare diabolicum. Après le procès de Galilée, l'Église n'a fort heureusement pas persévéré dans le recours à pareille violence pour imposer une lecture erronée de la Bible ; mais elle a tout de même continué à l'enseigner à ses fidèles. Et, lorsqu'elle a commencé à se convertir à de nouvelles formes de lecture, d'exégèse selon le terme consacré, d'autres Églises et communautés croyantes ont repris le flambeau et la croisade pour défendre ce qu'elles considèrent comme un pilier de la tradition chrétienne.

Néanmoins, même les libres-penseurs les plus rationalistes et anticléricaux de la trempe de Richard Dawkins le reconnaissent, les percées époustouflantes opérées par les programmes scientifiques vers l'infiniment grand comme vers l'infiniment petit, les images éblouissantes des télescopes, les processus labyrinthiques décrits par les biologistes ne suffisent pas à nourrir la quête de sens qui anime les humains. Et lorsqu'ils expliquent posséder la clé des passions humaines et des interactions sociales, dont ils prétendent prendre le contrôle mieux que toutes les sagesses, les philosophies ou les religions, les scientifiques suscitent par bonheur plus de crainte lucide que d'engouement aveugle.

Ces prises en otage de la science, par un camp ou par l'autre, ne seraient-elles pas tantôt les révélateurs, tantôt les dissimulateurs d'une autre inquiétante situation : la transcendance serait-elle en péril ?

2

La transcendance en péril

Durant l'été 1952, Pierre Teilhard de Chardin rend visite aux chercheurs de l'université de Berkeley en Californie, qui mettent au point les premiers accélérateurs de particules de l'histoire. Quelques mois plus tard, il publie un article, une méditation devrais-je écrire, où il réitère sa confiance dans la science et sa vision d'une humanité qui progressivement se concentre en une unique conscience et contribue à l'émergence de la noosphère : « Devant mes yeux distraits le cyclotron de Berkeley avait définitivement disparu. Et, en sa place, pour mon imagination, c'était la Noosphère tout entière qui, tordue sur soi par le souffle de la Recherche, ne formait plus qu'un seul et énorme cyclone, dont l'effet propre était de produire, en place et lieu de l'Énergie nucléaire, de l'Énergie psychique à un état de plus en plus réfléchi, c'est-à-dire, identiquement de l'Ultra-humain[1]. »

En octobre 2017, au lendemain d'un colloque consacré au savant jésuite, je me suis souvenu de ce texte lors de ma propre visite à une autre université, celle de Catalogne. J'y avais été invité à l'occasion d'un tournage pour la télévision ; le réalisateur m'avait dit y avoir trouvé un décor qui conviendrait à son projet. Je l'ai donc suivi lorsqu'il a ouvert une petite porte, au fond de l'entrée d'un bâtiment universitaire à la façade moderne… et je me suis retrouvé face à l'un des supercalculateurs les plus puissants d'Europe, baptisé *MareNostrum*, du nom donné à la mer Méditerranée par les Romains. À ma grande surprise, l'enfilade d'armoires informatiques, enfermée dans une cage de verre climatisée et desservie par un sas, avait été installée dans une ancienne église, la chapelle de Torre Girona !

Devant cette surprenante installation, lorsque l'on prend la mesure de la puissance de calcul de ce type de machine et, plus largement, du réseau informatique auquel *MareNostrum* est connecté, il est tentant mais peut-être aussi nécessaire de nous demander si nous n'avons pas construit de nouveaux dieux, omniscients, tout-puissants et omniprésents. Si Google n'est pas Dieu, n'accordons-nous pas aux intelligences artificielles et aux machines « pensantes » des capacités quasi divines ? N'adoptons-nous pas à leur égard des attitudes étrangement proches des pratiques religieuses ?

Nous aurons beau nous extasier devant les cyclotrons et installer les superordinateurs dans des édifices religieux désaffectés, je n'en reste pas moins inquiet de constater que la question de la transcendance, celle que Teilhard de Chardin pose au fondement et à l'horizon de l'odyssée humaine, se trouve le plus souvent écartée, voire oubliée. Équipés de nos prothèses informatiques, connectés à d'artificielles intelligences, prenons-nous encore suffisamment soin de notre âme ?

Le lama neuronal

J'ai rencontré Matthieu Ricard en mai 2000 dans une loge de maquillage. Nous faisions l'objet de tous les soins de la part de deux jeunes femmes chargées de notre visage : l'une avait pour mission de réduire la brillance du crâne rasé et du bras dénudé du plus célèbre des moines bouddhistes français ; l'autre tâchait de ne pas répandre ses poudres colorées sur mon habit blanc de dominicain. Tous deux, en compagnie des astrophysiciens Jean Heidmann et Trinh Xuan Thuan, étions les invités de Bernard Pivot pour son émission *Bouillon de culture*. Jean Heidmann nous a parlé de sa quête d'intelligences extraterrestres : à l'aide d'immenses radiotélescopes, il enregistrait inlassablement les ondes venues de l'univers dans le but d'y déceler celles qui n'auraient pas une origine naturelle. Bernard Pivot lui a demandé s'il pensait en découvrir avant de mourir ; le chercheur à la belle chevelure blanche lui a répondu qu'il ne se faisait pas de souci : il appartenait à une communauté scientifique qui, après lui, poursuivrait ses travaux. Il est décédé quelques semaines après cette émission.

Les extraterrestres, traqués par ces savants, provoquent parfois des sueurs froides chez les croyants… mais l'animateur avait réservé le sujet des relations entre la science et la religion au trio que nous formions, le moine bouddhiste, le scientifique d'origine vietnamienne et moi-même. Trinh Xuan Thuan et Matthieu Ricard venaient en effet de publier les meilleurs moments d'un long dialogue qu'ils avaient mené sur ce sujet.

Par la suite, j'ai revu à plusieurs reprises Matthieu Ricard, à l'occasion de reportages ou de conférences diffusées sur Internet à propos de sa participation aux travaux menés par des chercheurs en neurosciences. C'est la rencontre avec l'un d'entre eux, le Chilien Francisco Varela, qui avait donné l'idée au dalaï-lama d'inviter ses moines à collaborer à l'étude du cerveau : leur engagement dans une pratique intense et soutenue de la méditation ne faisait-il pas de ceux-ci des cobayes de choix, je veux dire des sujets d'observation particulièrement intéressants ? Matthieu Ricard, lui-même ancien chercheur à l'Institut Pasteur, et ses confrères ont donc revêtu des casques équipés de centaines de capteurs, se sont soumis à de longues séances d'IRM, ont reçu des injections de sucre radioactif et ont ainsi supporté de longues séances d'analyses, le tout afin que les chercheurs puissent étudier ce qui se déroulait dans leurs cerveaux. Car, dans ces singulières conditions, ils ont médité. Et ces travaux n'ont pas été vains : l'entraînement mental de ces religieux bouddhistes, rejoints par des contemplatifs d'autres confessions, a permis de dresser et d'affiner un véritable catalogue des états neuronaux. Dans le même temps ont été observés les effets de la méditation sur l'« humeur » des pratiquants, sur leurs comportements, sur leur santé physique et mentale. Bref, grâce à ces athlètes du cerveau, les scientifiques en savent davantage aujourd'hui sur ce qui se passe dans la tête des humains et sur ce que nous appelons la conscience. Mais ces travaux n'ont pas été sans conséquence pour le monde des croyants.

À cette même époque, un neurobiologiste français, Jean-Pierre Changeux, publie son *Homme neuronal*. Il y livre les bases de sa démarche scientifique : « Rien ne s'oppose plus désormais, sur le plan théorique, à ce que les conduites de l'homme soient décrites en termes d'activités neuronales. Il est grand temps que l'Homme Neuronal entre en scène[2]. » Changeux prend explicitement à contre-pied la thèse développée par Henri Bergson dans *Matière et Mémoire*. Alors que le philosophe s'oppose à toute réduction de l'esprit à la matière, alors qu'il considère que la mémoire est avant tout spirituelle et que le cerveau se contente d'orienter la mémoire vers l'action, le neurobiologiste défend l'idée contraire selon laquelle le cerveau est le cerbère, le gardien de la mémoire : « L'encéphale de l'homme que l'on sait contenir, dans l'organisation anatomique de son cortex, des représentations du monde qui l'entoure, est aussi capable d'en construire et de les utiliser dans ses calculs[3]. » Le professeur au Collège de France ne mâche pas ses mots : aucune conduite humaine n'échappe à cette règle ; aucun tabou, aucune réputation établie non plus. Et le sentiment religieux en est l'une des premières « victimes » : si le cerveau est capable de fabriquer des représentations et de les présenter à nos consciences, alors les « hallucinations », considérées par les religions comme les révélations de forces surnaturelles, ont une « solide base biologique » et sont, elles aussi, des fabrications de cerveaux humains. Cette leçon, précise Changeux, est valable « du Buisson Ardent aux plus récentes apparitions de la Vierge ». « L'homme, conclut le neurobiologiste, n'a dès lors plus rien à faire de "l'Esprit", il lui suffit d'être un Homme Neuronal[4]. »

Les moines bouddhistes et chrétiens qui se sont prêtés aux investigations des neuroscientifiques auraient-ils, certes involontairement, livré leur âme au diable ? Les neurosciences ou, plus exactement, ceux qui en font profession ne prétendent-ils pas réduire à des processus biologiques une conduite humaine aussi singulière que la prière ? Car nous n'avons jamais observé que les chimpanzés prient ni prouvé que les chats méditent… Les religions, leurs dogmes, leurs prophéties et leurs révélations, Dieu lui-même seraient-ils de purs et simples produits de nos cerveaux ? Et, par suite, pourraient-ils devenir les victimes du réductionnisme scientifique plus sûrement que celles des annonces de Nietzsche ou du « bon mot » de Gagarine ?

Que les chercheurs soient obligés de scruter la réalité par le seul bout de leur lorgnette, j'entends qu'ils soient contraints, par suite des limites de leurs instruments, de leurs théories ou de leurs méthodes, de réduire les parts du réel auxquelles ils ont accès, quitte à tenter ensuite de réunir ces morceaux, voilà qui est parfaitement admissible et qui est habituellement qualifié de réductionnisme méthodologique. En revanche, que des scientifiques prétendent être capables d'appréhender et d'expliquer l'ensemble de cette réalité, dans ses éléments les plus infimes comme les plus imposants, dans ses processus les plus intimes comme les plus exorbitants, qu'ils affirment que rien ne peut leur échapper ou appartenir à un autre champ de la connaissance ou de l'art humain que les leurs, qu'ils se rallient au combat de Richard Dawkins pour en finir avec Dieu ou à celui d'Edward O. Wilson pour faire de la science une « religion libérée[5] », voilà qui relève d'un réductionnisme idéologique, né d'une volonté consciente de tenir tête aux prétentions des religions et des sagesses.

Attaquées, celles-ci ne peuvent pas ignorer les manœuvres de ceux qui s'appuient sur les résultats des sciences pour annoncer, à leur tour, la mort de Dieu en même temps que celle de la transcendance. Le défi est de taille : par leurs travaux scientifiques et les vérités auxquelles ceux-ci conduisent, les scientifiques ne se « contentent » pas de parler de l'univers, ni même d'évoquer les origines animales de l'être humain ; dans le sillage de Changeux, ils s'en prennent aux religions elles-mêmes, à leurs patrimoines culturels et spirituels, à leurs pratiques les plus nobles. Quelle stratégie adopter ?

Celle de l'autruche est privilégiée par les tendances, les tentations fondamentalistes et sectaires auxquelles n'échappe aucun courant de pensée ou de croyance. Lorsque menace la tempête, mieux vaut ne pas bouger, ne pas sortir de chez soi, fermer ses fenêtres, fixer solidement tout ce qui peut l'être, pourquoi pas rejoindre un abri souterrain. Mais, nous le savons, au fond du trou, de la tombe où il se cache, le fidèle obstiné, religieux ou non, risque de ne trouver ni Dieu, ni diable, seulement son propre reflet, le reflet de ses peurs ou de ses folies.

S'offre aussi la solution du dialogue. Ainsi Paul Ricœur a-t-il accepté de débattre avec Jean-Pierre Changeux[6]. Reconnaissons-le, le philosophe s'en sort mieux que le neurobiologiste ; mais est-ce bien surprenant ? Le premier n'est-il pas habitué à penser plus haut, plus loin, bref « plus que l'homme » ? Le second, au contraire, est contraint, par sa méthode, de s'en tenir aux faits, aux processus biologiques, d'y faire entrer jusqu'à la création et l'émotion artistiques auxquelles lui-même est d'ailleurs sensible. Le lecteur a le sentiment qu'il doit lui aussi choisir son camp, prendre parti : le dialogue se révélerait-il inutile ou même impossible ?

Une autre voie a été sinon ouverte, du moins empruntée par des collègues de Changeux, celle de la « neurothéologie ». Le premier à avoir utilisé ce terme est Aldous Huxley, dans son ouvrage *Île* ; un « neurothéologien », écrit-il, est « quelqu'un qui considère les gens simultanément en fonction de la Claire Lumière du Néant et en fonction du système nerveux végétatif[7] ». En parfaite cohérence avec cette honorable paternité, l'actuelle neurothéologie entend expliquer le besoin de croire, analyser l'expérience religieuse, spirituelle ou mystique, dans les termes des neurosciences, mais, et c'est une précision indispensable, sans nier *a priori* ou *a posteriori* l'idée de transcendance. Le postulat de départ d'Andrew Newberg et d'Eugene d'Aquili, deux neurothéologiens américains, est le même que celui de Jean-Pierre Changeux : « L'esprit est le phénomène des pensées, des mémoires et des émotions qui émergent des processus perceptifs du cerveau. En termes plus simples, le cerveau fabrique l'esprit[8]. » Toutefois, contrairement à leur confrère français, ils prennent au sérieux ce qu'éprouvent les méditants et les contemplatifs qu'ils étudient. « Nous avons la preuve, écrivent-ils, d'un processus neurologique qui a évolué pour nous permettre, à nous humains, de transcender l'existence matérielle et connaître la partie la plus profonde et la plus spirituelle de nous-mêmes[9]. » Et ils décrivent cette expérience comme celle d'une relation à tout ce qui existe, pour conclure que le cerveau humain aurait ainsi développé la capacité d'éprouver un niveau d'existence différent et même supérieur au niveau habituel. Se pose alors une question : à trop scruter le labyrinthe des routes neuronales, à trop les baliser, n'auraient-ils pas fini par rendre ordinaire l'extraordinaire, naturel le surnaturel, abordable le transcendant ?

Newberg et d'Aquili ne parlent jamais d'hallucinations, n'évoquent pas non plus les récits habituels des religions qui prennent vite des allures d'images d'Épinal et dont il est facile de se moquer ; ils donnent toutes les preuves d'un honnête et raisonnable respect pour les traditions religieuses dans lesquelles s'inscrivent leurs cobayes. Mais ne cacheraient-ils pas leur jeu, je veux dire le fond de leur pensée, comme de leur recherche ? S'ils estiment que l'esprit est une fabrication du cerveau, pourquoi n'en serait-il pas de même pour Dieu ? Les deux chercheurs de l'université de Pennsylvanie n'esquivent pas la question et résument leur réponse dans les termes suivants :

« La spiritualité dans son ensemble et toute expérience de la réalité de Dieu peuvent-elles être réduites à une course précipitée et fugace d'impulsions et d'éclairs électrochimiques le long des circuits neuraux du cerveau ? Sur la base de ce qu'on comprend aujourd'hui de la manière dont le cerveau transforme les informations reçues en perceptions d'expérience humaine, la réponse la plus simple est *oui*.

Sommes-nous en train de dire alors que Dieu n'est qu'une idée sans plus de substance qu'un fantasme ou un rêve ? Sur la base de notre meilleure compréhension de la façon dont l'esprit interprète les perceptions du cerveau, la réponse la plus simple est *non*.

Notre propre science du cerveau ne peut ni prouver ni réfuter l'existence de Dieu, du moins pas avec des réponses simples[10]. »

La neurothéologie, celle que pratiquent et représentent éminemment Newberg et d'Aquili, décortique sans l'ombre d'une hésitation les réseaux neuronaux, les processus biochimiques qui fabriquent toutes les formes de croyance et de spiritualité que recèlent notre humanité, ses cultures, son histoire. Mais elle refuse (ou pour le moins semble refuser) de traquer Dieu, de chercher à le capturer dans ses rets. Je ne sais s'il s'agit là d'une marque de respect, de frayeur à l'idée d'affronter le numineux, le *mysterium tremendum* du théologien Rudolf Otto, ou d'un simple aveu d'ignorance, d'impuissance. À l'instar du mur de Planck auquel se heurtent les mathématiciens et les physiciens lorsqu'ils remontent le cours de l'histoire de notre univers, il existerait une frontière, infranchissable par le savoir, les sciences des humains, derrière laquelle pourrait (mais c'est là une hypothèse ou un acte de foi) se trouver, se cacher Dieu...

Je n'ai pas écrit, que le lecteur me fasse la faveur de me lire correctement, que Dieu se cachait derrière le mur de Planck ! Je n'ai fait que recourir à cette célèbre figure de la cosmologie pour expliquer que ni les observations menées par les neuroscientifiques ni leurs théories ne permettent de résoudre la question de l'existence ou de l'inexistence de Dieu. Ce que la neurothéologie veut et peut simplement nous dire se résume en deux mots latins : *capax Dei.* L'être humain est fait pour Dieu ou, plus exactement, pour le sentiment religieux. Lorsque Newberg et d'Aquili expliquent que Dieu « a été "découvert" lors d'une rencontre mystique ou spirituelle portée à la connaissance de la conscience humaine par le mécanisme transcendant de l'esprit[11] », ils n'apportent pas les preuves de l'existence de Dieu mais retrouvent les accents d'une doctrine chrétienne qui a toutes les allures d'une promesse : les humains sont créés pour partager la vie divine ; ils ont partie liée avec le « ciel ».

Jusqu'au septième ciel

Je l'écrivais en préambule, j'ai la chance de travailler au sein de l'Agence spatiale française et, par conséquent, de côtoyer ceux qui, aujourd'hui, réalisent l'un des rêves les plus anciens de l'esprit humain, celui d'aller au ciel ! Nul besoin d'expliquer ici la place occupée par la voûte céleste dans l'humaine condition : il suffit de... lever les yeux au ciel pour réitérer l'expérience ancestrale, originelle et fondatrice qui, *de facto* et *a priori*, instaure dans notre psychologie une verticalité qui peut être et très certainement doit être articulée à une horizontalité mais, en tout état de cause, ne peut être niée. Platon, dans *La République*, constate que l'astronomie « oblige l'âme à regarder en haut ».

Avant que le XXe siècle ouvre effectivement les routes du ciel et de l'espace, nos prédécesseurs avaient déjà imaginé mille et une façons de les emprunter, le plus souvent par le biais de l'esprit et de l'âme, moins encombrants et plus légers que nos corps de Terriens. Ou par l'association exceptionnelle des deux : il est difficile d'ignorer les propos de Jacques Lacan sur la « jouissance » des mystiques dont la statue de Thérèse d'Avila, sculptée par Le Bernin, offre un symbole plutôt qu'une preuve. Et si les discours du psychanalyste parisien vous agacent, vous pouvez vous rabattre sur la formule plus populaire « être au septième ciel » qui désigne la même expérience érotique, sans pour autant négliger la référence théologique. L'apôtre Paul narre sous couvert d'anonymat l'une de ses propres expériences mystiques dans sa seconde épître aux fidèles de Corinthe : il décrit un enlèvement jusqu'au troisième ciel. C'est précisément là que les Grecs avaient coutume de loger Vénus, la déesse de l'amour, où elle attendait ses propres fidèles. Ne lésinons pas lorsqu'il s'agit d'extase, amoureuse ou mystique : accordons à Vénus et à Paul les quatre sphères célestes qui leur manquent pour atteindre la septième et l'ultime. Mettons ainsi d'accord la déesse, l'apôtre et le psychanalyste et demandons-nous quel sort est réservé au septième ciel lorsqu'il n'est pas seulement l'objet du désir érotique ou mystique, mais aussi celui de la recherche scientifique et de l'exploration spatiale.

Les astronautes, ces merveilleux chevaucheurs des nuées à bord de leurs infernales machines, ne sont pas connus pour être de doux rêveurs : ceux qui, parmi eux, ne sont pas des pilotes d'essai chevronnés sont bardés de diplômes dans de multiples disciplines scientifiques et technologiques. Un astronaute du programme Apollo l'a reconnu : « Un philosophe, un poète ou un prêtre seraient peut-être mieux placés que nous pour transmettre l'expérience psychique, métaphysique, spirituelle d'un séjour dans l'espace… » ; mais, ajoutait-il, « ils auraient toutes les chances de se tuer en tentant de piloter un vaisseau spatial ! ». Cet aveu a le mérite de la modestie ; gardons-nous toutefois de lui accorder un crédit excessif et contre-productif : nombreux sont les astronautes à s'être transformés en d'excellents conteurs de leurs aventures (y compris le taiseux Neil Armstrong) ; parmi eux figurent même des peintres, des musiciens et quelques belles plumes qui ont su témoigner, à leur manière, avec leurs mots et leurs images, d'une singulière expérience « psychique, métaphysique, spirituelle ». Ainsi aiment-ils évoquer un effet particulier, éprouvé lors de leurs missions spatiales.

« Perspective plongeante » : j'ai trouvé dans une nouvelle de Jean-Paul Sartre cette expression susceptible de traduire en français la formule désormais prisée de la communauté des astronautes et, plus largement, des gens de l'espace et de l'air, celle d'*overview effect*. Elle a été forgée par Frank White, à la fin des années 1980. Déplorant de ne pas voir davantage de philosophes s'intéresser à l'aventure spatiale, White a décidé d'interroger les astronautes ayant réalisé des missions spatiales, autour de la Terre ou bien en orbite et à la surface de la Lune. De ces rencontres, il a tiré la conclusion suivante qui est devenue le socle de sa pensée : l'*overview effect*, l'effet de perspective plongeante, constitue l'une des expériences les plus fortes vécues par les hommes et les femmes qui font un séjour dans l'espace.

Je vous le concède, les voyages aériens, les satellites d'observation de la Terre ou même les sondes à destination d'autres planètes de notre système solaire peuvent, chacun à leur échelle, offrir des images de notre planète « vue d'en haut ». À travers le hublot d'un avion ou à la vue de la Terre réduite à un minuscule point bleu « piqué » sur la toile noire de l'univers, nous pouvons être pris d'un sentiment mêlant l'admiration, le vertige et l'effroi. Après une visite au World Trade Center, Michel de Certeau avait parlé de la « pulsion scopique et gnostique », ce désir de voir et de savoir que les gratte-ciel déjà et les avions davantage encore permettent d'assouvir. Mais, à en croire les astronautes (et comment oserions-nous les contredire ?), seul le vol à bord d'un vaisseau spatial confère à la vision de la Terre une atmosphère onirique, un caractère dramatique d'une intensité telle que l'apparence des structures et des phénomènes les plus familiers devient magique, comme l'explique l'un d'entre eux.

« *Your identity is with that whole thing* » (« Votre propre identité appartient à la réalité tout entière »), s'enthousiasme ainsi Russell Schweickart, l'un des trois membres de la mission Apollo 9. De quoi ce lien est-il fait ? Sur qui, sur quoi porte-t-il ? Il n'est guère difficile d'imaginer la diversité des réponses recueillies par White lorsqu'il interroge astronautes américains et cosmonautes russes. Si les missions Apollo ne duraient que quelques jours, celles que réalisent aujourd'hui les occupants de la station spatiale internationale, l'ISS, sont le plus souvent de six mois. Séparés de leur famille, de leurs amis, les astronautes apprennent dès lors à tisser de nouvelles relations avec leurs proches. Ce lien porte aussi sur le sentiment d'appartenir à une communauté qui ne se réduit pas à l'équipage de la station : des milliers d'ingénieurs, de scientifiques, de techniciens se relaient à travers le monde pour assurer leur vie, parfois leur survie comme lors du sauvetage de la mission Apollo 13. Mais les astronautes prennent surtout conscience d'appartenir à l'humanité tout entière et, plus encore, à la communauté des vivants qui constituent la biosphère hébergée, protégée par la Terre. Edgar Mitchell, de la mission Apollo 14, parle d'une *interconnected euphoria* (littéralement, « une euphorie interconnectée »). Accéder à une perspective plongeante d'échelle spatiale ne provoque donc pas nécessairement un sentiment de supériorité, une poussée d'orgueil, mais paraît plutôt développer un sentiment d'appartenance mêlé à une conscience de responsabilité.

Illustré d'images splendides, « auréolé » du prestige spatial et d'un style *new age*, en consonance avec le souci pour l'état de santé de notre planète, l'*overview effect* est désormais à la mode ; un institut a même été créé sous ce patronyme. Pour faire bonne figure peut-être, des expressions dérivées ont été imaginées : *planetary consciousness* (« conscience planétaire »), *orbital perspective* (« perspective orbitale ») ; autant de nuances qui ne méritent pas que je m'y arrête. En revanche, la perspective plongeante, telle qu'elle est vécue et décrite par les astronautes, mérite d'être rapprochée d'une autre notion, rendue célèbre par l'attention que lui a portée Sigmund Freud : le sentiment océanique.

La genèse de cette idée mérite d'être contée. En

décembre 1927, le célèbre médecin viennois reçoit un courrier de Romain Rolland dans lequel l'écrivain français (il a reçu le prix Nobel de littérature en 1915) l'invite à étudier ce qui sera ensuite connu sous la dénomination de sentiment océanique. Freud peut lire : « Votre analyse des religions est juste. Mais j'aurais aimé vous voir faire l'analyse du sentiment religieux spontané ou, plus exactement, de la sensation religieuse, qui est toute différente des religions proprement dites, et beaucoup plus durable. J'entends par là – tout à fait indépendamment de tout dogme, de tout Credo, de toute organisation d'Église, de tout Livre Saint, de toute espérance en une survie personnelle, etc. – le fait simple et direct de la sensation de l'éternel (qui peut très bien n'être pas éternel, mais simplement sans bornes perceptibles, et comme océanique)[12]. » Freud est troublé par cette lettre : doit-il en déduire que l'expérience du sentiment océanique est à l'origine du besoin religieux, de la pratique religieuse ? Il refuse une telle hypothèse. Dans son ouvrage *Le Malaise dans la culture*, publié en 1930 et dédié à Rolland, il défend au contraire l'idée selon laquelle la religion proviendrait des sentiments de détresse infantile et de désir pour le père, puis de l'angoisse devant le destin, mais certainement pas de ce « sentiment d'union indissoluble avec le grand Tout, et d'appartenance à l'universel » comme le psychanalyste qualifie lui-même le sentiment océanique. Un sentiment que plusieurs astronautes, interrogés par White, ont témoigné avoir éprouvé...

Ainsi, bien avant le vol de Youri Gagarine et les voyages dans l'espace, Rolland et Freud ont montré la nécessité d'aborder cette expérience avec la rigueur des sciences et les exigences de la philosophie. Si aucune religion, aucune Église ni aucune secte ne sont nées de l'aventure spatiale, plusieurs astronautes ont eu recours au vocabulaire religieux, voire à leurs propres traditions et confessions religieuses, pour faire part de leurs expériences. Les mots de transcendance, de mystique ponctuent leurs propos, à côté de ceux de changement, de bouleversement dans leur existence.

Sans oublier les quelques situations où la religion a pu leur venir en aide pour supporter de tels chamboulements. À l'occasion de leur récente visite en France, j'ai entendu le témoignage de Charlie Duke et de son épouse Dotty. Charlie a participé en avril 1972 à la mission Apollo 16 et a été le dixième homme à marcher sur la Lune. Son retour sur Terre n'a pas été facile, pour lui comme pour Dotty : cette dernière a souffert de dépression, jusqu'à penser au suicide ; ils ont envisagé de divorcer... jusqu'à ce que la religion les tire de ce mauvais pas. Désormais, ont-ils expliqué, ils profitent de la moindre occasion pour partager leur singulière expérience religieuse, en quelque sorte l'autre versant de l'expérience du septième ciel offerte par la conquête de l'espace[13].

Bien entendu, ces expériences doivent être maniées avec prudence. Sans nullement mettre en question leur réalité ni leur influence, voire leur impact sur l'existence de ces hommes et de ces femmes, il faut essayer de garder une distance raisonnable vis-à-vis d'elles et éviter de les réduire à une seule des multiples dimensions qui les constituent : psychologique, neurologique, philosophique, culturelle, religieuse. Aucune d'entre elles ne peut à elle seule rendre compte et expliquer ce que les astronautes éprouvent et ce dont ils témoignent. Que penser alors des entreprises (californiennes, faut-il le préciser ?) qui proposent à leurs clients des séances d'immersion dans des piscines d'eau salée, munis de casques de vision 3D ? « Ça plane » pour eux, évidemment. De quoi enthousiasmer White et ses collègues : pourquoi ne pas soumettre des Terriens à une expérience de réalité virtuelle capable de reproduire une forme de sentiment océanique, d'*overview effect*, et de susciter le même honorable désir que chez les astronautes, j'entends celui de s'engager au profit de la planète et de son avenir ? Pourquoi ne pas associer le bien de la planète au bien-être psychologique des individus ? En réalité, ces projets et ces promesses me semblent bien prétentieux et invitent à interroger la forme d'évidence que revêt aujourd'hui la référence à l'*overview effect*.

Prenons garde en effet de ne pas confondre ici la cause et la conséquence. Je m'explique, en m'appuyant sur l'expertise religieuse. Les récits et les témoignages d'expériences hors du commun, d'illuminations, d'extases et d'apparitions constituent le terreau des religions et de leurs traditions ; nombreuses sont celles dont l'origine se confond avec l'apparition d'une divinité à un mortel, la révélation d'une vérité éternelle (pour reprendre l'un des qualificatifs mentionnés par Romain Rolland) à une intelligence humaine. Pensons aux visions du prophète Ézéchiel ou à la conversion de Paul, sur la route de Damas. L'interprétation la plus courante de ces épisodes est la suivante : la vocation d'un prophète ou d'un apôtre trouve sa cause, son explication dans le récit de ces expériences mystiques. À un effet exceptionnel comme une vocation de prophète doit nécessairement être associée une cause extraordinaire. Mais ne serait-il pas plus exact d'estimer et d'admettre que ces moments singuliers, parfois effectivement hors du commun, ont plus vraisemblablement permis de cristalliser une portion d'existence précédente, de rassembler un faisceau d'événements antérieurs, de symboliser une moisson de réflexions, sans doute plus ordinaires que les récits conservés, mais dont la conséquence apparaît aussi radicale qu'une conversion, qu'un profond changement de vie ? Je ne nie pas que Paul ait vécu un « accident » traumatisant, mais je suis persuadé que celui-ci lui a avant tout donné matière et alibi pour raconter ensuite sa conversion, son passage dans le camp de ceux que, jusqu'alors, il prenait si grand soin de persécuter.

Pareil schéma peut sans doute être appliqué aux témoignages des astronautes. Ceux qui éprouvent les effets de la perspective plongeante, qui ressentent un sentiment océanique depuis l'environnement spatial de la Terre ne se trouvent pas brutalement soumis à cette expérience comme peuvent l'être ceux qui ont recours aux prouesses californiennes de la réalité virtuelle. Auparavant, ils ont subi une sélection impitoyable, suivi une préparation exigeante, attendu de se voir confier une mission, éprouvé la tension d'un lancement, probablement souffert du mal de l'espace, déjà peut-être eu le temps de regretter la séparation d'avec leurs proches. Un cocktail d'expériences et de sentiments qui constitue un terreau favorable et même des facteurs déclenchants à des expériences hors du commun, exorbitantes. Dès lors, rapporter avoir vécu ces expériences d'*overview effect*, de sentiment océanique, ne serait-il pas avant tout une manière, pour les astronautes, d'exprimer à la fois la satisfaction, le bonheur, la jouissance, mais peut-être aussi le soulagement d'être parvenus à ce sommet (!) de leur parcours professionnel, de leur existence humaine, en même temps que la conviction d'avoir ainsi acquis une nouvelle identité, celle de « chevaucheurs des nuées » ? En écrivant cela, je ne crois pas avoir entamé le mérite ni froissé l'étoffe de ces héros de l'espace, mais avoir au contraire redonné du poids, de la gravité à leurs propos et souligné l'intérêt de les étudier à la suite des travaux de White. Le septième ciel est loin d'avoir dévoilé tous ses secrets à nous les humains.

En prenant la route pour l'espace, nous serions-nous éloignés de notre sujet ? Galilée avait clairement écarté des tâches scientifiques celle de conduire les humains au ciel ; et, surtout, il convient de ne pas confondre le ciel des amants et des mystiques avec celui des astronomes et des astronautes. Poser ces précautions ne suffit pas à éviter tout rapprochement, ni toute confusion. À côté des propos enthousiastes des astronautes, depuis ou au retour de leur balcon spatial, à côté de la fascination pour un univers qui reprend parfois les allures du cosmos des Anciens, les activités spatiales n'ont jamais manqué d'abriter et même de susciter des comportements religieux. Peu après le succès de la mission Apollo 11, François Russo faisait déjà remarquer : « Si la conquête de l'espace ne comble pas le besoin d'infini qui est en l'homme, elle nous en fournit de précieuses analogies. *L'espace*, disait Baudelaire, *est le lieu des symboles*. Ainsi entendue, la conquête de l'espace, l'atteinte de la Lune par l'homme ne nous établira pas dans l'illusion et ne nous détournera pas de cet infini plus caché et plus intérieur qui seul peut répondre à notre attente la plus vraie et la plus profonde. Bien plus, elle contribuera à nous y porter[14]. » Ce théologien, fin connaisseur de l'histoire des sciences, a raison : l'espace, j'entends les activités spatiales, sont riches de symboles et, en particulier, de symboles religieux. Outre la célèbre lecture du premier chapitre du livre de la Genèse par les astronautes américains qui, dans la nuit de Noël 1968, orbitaient pour la première fois autour de la Lune, outre la communion eucharistique de Buzz Aldrin juste avant d'aller poser le pied à la surface de l'astre de nos nuits, les gestes, les rites à caractère religieux n'ont jamais manqué et ont même été répétés au cours des soixante-cinq années écoulées depuis le vol de Spoutnik. Cierges allumés dans l'église de Kourou, bénédiction des équipages russes par le pope de Baïkonour, consultation des horoscopes avant le lancement d'un satellite asiatique, installation d'icônes à bord des stations spatiales : les gens de l'espace n'ont pas toujours respecté le mot prêté à Youri Gagarine qui niait avoir rencontré Dieu au cours de son vol inaugural autour de la Terre. « Comme si, sous prétexte de guerre de religion, écrivait un journaliste français qui venait d'assister au départ de Claudie Haigneré depuis les steppes kazakhes, on ne pouvait plus tirer une fusée, même pacifique, sans faire poser un curé devant… »

Que devons-nous comprendre ? Probablement que, dans leur caractère singulier, excessif, naïf ou même choquant pour des esprits qui se prétendent rationnels, ces rites expriment le sentiment, l'expérience pour ces hommes et ces femmes de se trouver aux limites du possible, du raisonnable, peut-être même d'enfreindre les lois de la nature humaine ou celles des dieux.

Et, de fait, l'entreprise spatiale s'inscrit dans la lignée des rêves et des réalisations de l'humanité qui ont prétendu dépasser les frontières du possible, l'horizon du réel. Pensons à la tour de Babel qui prétendait rejoindre la sphère divine, aux pyramides d'Égypte qui avaient la mort pour horizon, aux murailles de Chine qui tentaient de couvrir l'horizon pour protéger des invasions, aux premières lignes aériennes qui transportaient le courrier de l'autre côté de la Terre… Mais je répète mon inquiétude : ces entreprises, rêvées ou réalisées, ouvrent-elles véritablement à la transcendance ? Sont-elles même, pour reprendre l'analyse de Russo, les symboles de la transcendance ? Certes, les routes de l'espace ressemblent parfois à celles enseignées par les sages pour atteindre l'en-deçà ou l'au-delà. D'ailleurs, les premiers cosmonautes et astronautes n'ont pas échappé à une forme de sacralisation. La couleur de leurs vêtements (le blanc de la pureté, le rouge du sacrifice), la rigueur ascétique de leurs entraînements, leur sévère (s)élection, l'aura de leur célébrité, sans oublier, pour les héros américains, le plongeon final dans les eaux du Pacifique ou de l'Atlantique comme dans un bain de purification avant l'ultime épreuve de la quarantaine, aujourd'hui oubliée : comment ne pas en faire des demi-dieux et des stars, parfois avant même qu'ils aillent flirter avec les étoiles ?

Mais l'habit ne fait pas le moine : si hautes que soient les frontières que voisinent et même franchissent les astronautes, aujourd'hui celles de l'atmosphère terrestre, hier et demain la Lune, après-demain Mars, les routes de l'espace sont encore fort éloignées de la montée du Carmel ou de l'éveil spirituel enseigné par le Bouddha. Que l'auteur en soit Socrate ou les maîtres du temple de Delphes, que nous importe ici : la maxime « Connais-toi toi-même et tu connaîtras l'univers et les dieux » place le voyage intérieur devant l'exploration du monde et même la quête théologique. Que penser dès lors des projets qui parlent de dépasser notre propre nature humaine ? Quelle transcendance promettent-ils ?

Nous prendre pour des dieux

La conquête de l'espace a donné des ailes à l'humanité. Elle l'a enrichie d'expériences inédites, de connaissances nouvelles sur la Terre et sur l'univers, de capacités jusqu'alors inaccessibles pour communiquer, se déplacer, observer et même espionner. L'espace a « renforcé » son statut de destination de rêve aux yeux des humains parce qu'il leur a d'ores et déjà permis de réaliser plusieurs de leurs envies, de leurs fictions, de leurs fantasmes les plus anciens. Toutefois, explorer l'espace, atteindre la Lune, séjourner autour de la Terre pour y jouir d'une exorbitante perspective plongeante a aussi suscité des craintes et même des critiques. Le mythe d'Icare ne l'a-t-il pas dénoncé depuis belle lurette ? La conquête du ciel est l'une des expressions les plus claires, les plus tonitruantes, voire les plus accomplies de l'*hubris*, de l'orgueil, de la démesure et de l'outrance qui menacent de prendre le pouvoir sur les actes humains, y compris les plus nobles en apparence. Nous sommes les fils et les filles d'Icare et, par voie de généalogie mythologique, les petits-enfants de Dédale. Nous avons atteint et même franchi les limites jadis déclarées interdites par les dieux, ces limites que le mythe de l'ingénieur et architecte de génie avait mises en scène : nous sommes allés regarder au-delà de l'antique frontière cosmique où la Lune montait jusqu'alors la garde ; nous avons dévoilé les mystères de la vie, de sa reproduction ; nous avons créé des êtres hybrides, modifié des patrimoines génétiques et construit des labyrinthes biologiques pour nous en protéger ; nous avons appris à utiliser l'énergie du Soleil et cherchons aujourd'hui à construire un « soleil artificiel ». Dédale peut être fier de nous.

Mais ces réalisations, ces projets, ces nouveaux rêves ne paraissent pas nous suffire : « L'espèce humaine peut, si elle le souhaite, se transcender elle-même, pas seulement de manière sporadique, […] mais dans son entier, en tant qu'humanité. Nous avons besoin d'un nom pour cette nouvelle conviction. Peut-être que transhumanisme pourrait servir : un homme restant homme, mais se transcendant lui-même, en réalisant de nouvelles possibilités par et pour sa nature humaine[15]. » Ces mots, publiés en 1957 dans un texte intitulé *New Bottles for New Wine*, ont valu à son auteur, Julian Huxley, la paternité du terme et du concept de transhumanisme. Loin de moi l'idée de mettre en cause cette reconnaissance : le savant et humaniste, nommé premier directeur de l'UNESCO en 1946, la mérite, d'autant que sa définition reste valide soixante ans plus tard, même si, nous devons le reconnaître, ses limites d'usage conservent un caractère flou : à partir de quel degré, au-delà de quel niveau est-il réellement question de « transcender l'espèce humaine » ?

Pensons aux techniques médicales dont nous ne mesurons peut-être pas toujours le degré de technicité atteint ni les prouesses réalisées. Pour l'heure, elles n'ont encore qu'un seul objectif, celui de restaurer, parfois d'améliorer la qualité de vie d'une personne, mais certainement pas de l'« augmenter » ni d'en faire un « surhomme ». Corriger une vision ou une audition déficiente, rétablir une fonction dont l'organe est usé, a disparu ou n'a jamais existé… et même parvenir à faire marcher un polyhandicapé : les médecins du XXIe siècle font désormais mieux que les thaumaturges d'antan, mais ils ne font encore que prendre l'humain lui-même comme modèle ; rien de surhumain, rien de transhumain dans tout cela, si extraordinaires que soient leurs succès. En revanche, ceux qui envisagent notre avenir en référence à Julian Huxley veulent ou promettent bien davantage et, avant tout, l'immortalité.

Parce que le transhumanisme se cache encore, et ce malgré les progrès des sciences et des techniques, dans les brouillards de la fiction technique, médicale, sociale, savamment orchestrée et diffusée par ses promoteurs, il est aisé de nous moquer de ses promesses. De faire remarquer combien nombreux sont les seuils, nombreuses les frontières à franchir avant d'entrer de plain-pied en « Transhumanie » ; des frontières physiques, biologiques, mentales, mais aussi symboliques, philosophiques, éthiques, religieuses. Toutefois, la fascination, ce mélange d'attraction et de répulsion, de désir et de crainte que suscite le transhumanisme, nous rappelle ou nous apprend une chose : si « la philosophie est une méditation de la mort », selon les mots d'Érasme, les sciences sont désormais bel et bien perçues ou présentées comme capables d'offrir une solution contre la mort, et pas seulement dans les œuvres de fiction. La mort n'est plus un motif de méditation, mais d'abord une cible à éradiquer ; l'évidente tendance de nos sociétés à dissimuler les défunts, à réduire au minimum leur voisinage constitue une illustration de ce désir auquel prétend répondre le transhumanisme.

Dans quelle mesure le propos transhumaniste, même doté du préfixe trans-, menace-t-il la transcendance ? Rendre parfaites nos enveloppes charnelles ou même charger nos cerveaux sur des supports de silicium n'est qu'une façon de lutter contre la mort, d'en repousser la frontière le plus loin possible de nous ; en revanche, ce n'est pas la franchir... L'immortalité que nous promet le transhumanisme n'est encore que la négation de la mort, la négation d'une finitude ; elle ne semble pas exister ou, plus exactement, être appréhendée pour elle-même, par elle-même ; d'ailleurs, le pourrait-elle ? « L'homme est la mesure de toutes choses », prétendait jadis Protagoras face à Socrate qui, pour sa part, invitait à nous référer aux Idées ou aux dieux. L'humanisme de la Renaissance et des Lumières a cherché à remettre l'être humain au centre de notre attention. En dessinant son *Homme de Vitruve*, Léonard de Vinci nous a offert un symbole que les astronautes ont porté jusqu'aux limites spatiales atteintes par l'humanité, lors de leurs sorties extravéhiculaires ; mais l'être humain demeure au centre de la double figure du carré et du cercle. De la même manière, le transhumanisme reste un humanisme. Lorsque ses partisans se proposent de réaliser l'invitation proférée par Jean Pic de la Mirandole à devenir les souverains de nous-mêmes, à achever notre propre forme « à la façon d'un peintre ou d'un sculpteur », à quel modèle peuvent-ils recourir, sinon à leur propre image améliorée, perfectionnée dans le miroir de leurs propres désirs narcissiques ? Je ne vois là aucune transcendance mais, au contraire, son déni ; je crains donc que le transhumanisme ne soit qu'une manière, une tentative ou une menace d'enfermer l'être humain dans l'image, d'apparence parfaite, qu'il se fait de lui-même. Sans tenir aucun compte d'une autre mesure, d'une autre référence que lui-même, y compris la plus proche.

Car, il faut le relever, la pensée transhumaniste ne paraît guère s'encombrer du souci de l'autre, de quelque nature qu'il soit, qu'il s'agisse de l'*alter ego* humain, de l'environnement... ou de Dieu. Le prochain est presque inexistant, surtout s'il n'est pas lui-même transformé, transhumanisé, sans doute parce qu'il est considéré comme trop différent. La Terre, quant à elle, n'est qu'un territoire qui doit fournir les ressources nécessaires pour l'existence de cette transhumanité ; d'ailleurs, parce que notre planète est limitée et ne pourrait pas abriter une espèce transhumaine dont les membres seraient devenus immortels, la conquête de l'espace et surtout sa colonisation deviennent des impératifs. Et peut-être la métamorphose des Terriens devrait-elle alors tenir compte de leur nécessaire adaptation aux conditions spatiales particulièrement hostiles.

Ces projets transhumanistes, empreints d'une confiance apparemment sans bornes dans les capacités des sciences et des technologies, ont-ils vraiment un sens, je veux dire une raison d'être qui ne se limite pas à la seule lutte contre la mort, si noble et nécessaire que soit cette tâche ? N'auraient-ils pas oublié de méditer sur la mort au lieu de prétendre en occulter définitivement la question ? Transcender l'humain est certes une tâche noble, mais elle mérite précisément d'être motivée par d'autres raisons que celle de lutter contre un adversaire, serait-ce la mort elle-même ; en quoi consisterait une existence transhumaine si elle était réduite à être une existence humaine prolongée, pour laquelle la mort est devenue un horizon laborieusement repoussé ?

Le véritable transhumanisme ne devrait pas être le fruit de la seule « fatigue de soi », selon la pertinente expression du philosophe Günther Anders ; il devrait être porté par une vision, une révélation, à l'image de celle que je devine sous la plume de Pierre Teilhard de Chardin dans une lettre adressée en septembre 1940 depuis la Chine à Max et Simone Bégouën.

Le savant jésuite écrit à ses amis de France : « La paix n'est pas le contraire de la guerre (pas plus que l'Esprit le contraire de la Matière) : elle est la guerre portée au-delà et plus haut qu'elle-même, dans la conquête du trans-humain (comme dirait Coutrot), absolument comme le vrai Esprit est de la trans-Matière[16]. » Ce courrier implique que l'idée et même le terme de transhumanisme existaient avant leur mention dans le texte de Julian Huxley. Avec une dimension spirituelle, mystique que la forme moderne paraît avoir oubliée.

Jean Coutrot, cité par Teilhard de Chardin, est

un philosophe français qui, avec Alexis Carrel et Aldous Huxley, le frère de Julian et l'auteur du *Meilleur des mondes*, a créé dans les années 1930 le « Centre d'études des problèmes humains » ; il a ainsi développé une forme de mystique de l'avenir, une régénération de l'espèce qui, le nom de Carrel nous laisse le deviner, a pu prendre des accents eugénistes.

Appartient à la même généalogie idéologique, même s'il use d'un langage différent et apparaît dans la seconde moitié du XIXe siècle, le cosmisme russe. Son fondateur, Nikolaï Fiodorov, un modeste employé de la bibliothèque centrale de Moscou, partage avec Karl Marx un même constat : nous ne pouvons plus nous contenter d'observer et d'interpréter le monde à l'aide des outils fournis par les sciences ; désormais, nous devons le transformer en nous appuyant sur les techniques. Mais prêtons attention, prévient Fiodorov, à ne pas en évincer les personnes humaines, à ne pas sacrifier les générations passées et présentes au seul motif d'un bien futur à conquérir. Au contraire, prône-t-il, nous devons retrouver le sens, la pratique du culte des ancêtres et même orienter les travaux scientifiques vers une tâche fort singulière : celle de ressusciter les morts ! « L'unification des vivants en vue de la résurrection est l'acte de créer des frères, de créer des âmes, de créer la vie », explique le penseur russe qui envisage la possibilité de ramener à la vie les particules désintégrées des ancêtres et, de cette manière, de restaurer, de conserver la mémoire, la conscience et la sagesse du passé. Y parvenir, ajoute-t-il, signifierait le triomphe de la loi morale sur la nécessité physique et la construction d'un lien entre les générations. En se déployant ainsi dans le temps, l'humanité devra aussi s'établir dans l'espace, puisqu'il faudra répondre à l'accroissement de la population devenue immortelle : les humains demeurés à bord du vaisseau spatial Terre en deviendront l'équipage ; les autres habiteront dans des stations ou coloniseront les autres planètes du système solaire ; voilà qui justifie le nom de cosmisme donné à cette pensée.

S'il s'inspire explicitement de la tradition chrétienne, en particulier à travers l'idée de résurrection, Fiodorov n'attend pas pour autant un miracle de la part de Dieu : l'humanité, et elle seule, possède la capacité et la responsabilité d'agir. Il en est de même lorsque l'un de ses disciples, le minéralogiste Vladimir Vernadski, conçoit l'idée de noosphère : la conscience humaine, en voie d'émergence, doit être considérée comme une force géologique à part entière, capable d'atteindre une dimension planétaire ; il n'y a là rien de miraculeux. C'est pourquoi la survie de l'espèce humaine, confrontée à la prévisible dégradation des ressources terrestres et de la biosphère, ne dépendra que de ses capacités à évoluer, physiquement, chimiquement, génétiquement, pour parvenir en fin de compte à coloniser le cosmos, à prendre le chemin des étoiles, écrit Constantin Tsiolkovski, un autre disciple de Fiodorov.

De ce mélange de foi chrétienne et de confiance dans la puissance de la science et de la technique mises au service du déploiement de l'espèce humaine, le tout agrémenté d'une note cosmique particulière, la pensée de Teilhard de Chardin offre un autre exemple avec une dimension théologique plus affirmée. Le but de l'évolution ou, plus exactement, son attracteur, que le religieux français a baptisé point Oméga, n'est pas seulement le point de fuite d'une perspective à l'échelle spatiotemporelle ; Oméga est explicitement identifié au Christ cosmique de la révélation néotestamentaire.

Il n'est pas étonnant que Teilhard de Chardin soit, avec Julian Huxley, une référence prisée par les courants transhumanistes lorsque leurs partisans se lancent à la recherche de leurs racines philosophiques et culturelles. Mais ils oublient ou feignent d'ignorer le fondement principalement théologique de la pensée teilhardienne qui, loin de rejeter la matérialité de l'existence, recommande, exige même de la prendre au sérieux. La vision transhumaniste qu'il défend écarte clairement et fermement toute espèce de dualisme entre la matière et l'esprit ; il invite au contraire à les associer le plus étroitement possible dans ce mouvement de « traversée » auquel il croit et aspire, pour lui-même comme pour l'humanité. Je ne vois guère d'expression plus ajustée pour la réponse – objection en même temps que proposition chrétienne – à opposer aux propagandes transhumanistes actuelles. La vie, répète Teilhard de Chardin à longueur de lettres et d'essais, n'est pas chose mauvaise ou dangereuse qu'il faudrait impérativement chercher à fuir ou dont nous pourrions être fatigués ; elle est au contraire le chemin obligé de l'être et donc, selon lui, le chemin de Dieu.

Face à l'édifice théologique et mystique élaboré par Teilhard de Chardin, le transhumanisme contemporain fait pâle figure. Lorsque le jésuite attend de l'avenir « un Dieu à adorer », il ne s'agit pas d'un surhomme, d'un « transhumain » technologiquement appareillé, génétiquement modifié ou même virtuellement conservé, auquel seraient donnés les pouvoirs des ordinateurs, des supercalculateurs ou des intelligences artificielles dernier cri. Si le Christ doit être adoré dans la matière (quitte à courir le risque, à subir la tentation du panthéisme), si le Christ se manifeste dans l'humanité de Jésus ou dans celle de ses fidèles, si le Christ a besoin du

« corps » que constitue la communauté des croyants, il est nécessairement, impérativement plus grand : le Christ universel prêché par Teilhard de Chardin, le « Super-Christ » comme il le nomme parfois, dénonce les imperfections, l'insuffisance des projets humains qui se contentent de rêver d'humains parfaits qui ne sont en fin de compte que le reflet de rêves trop humains. En réalité, nous sommes encore bien loin de passer pour des dieux…

Dire que les catholiques de la génération de mes parents chantaient encore : « Je n'ai qu'une âme qu'il faut sauver ; de l'éternelle flamme je veux la préserver ! » Héritiers d'une tradition chrétienne occidentale marquée par un dualisme entre l'esprit et le corps, ils portaient leurs efforts à développer les qualités de leurs âmes et à les préserver de tous les coups et blessures que le monde, la matière et leurs tentations pourraient leur porter. Par le passé, la capacité à léviter était considérée comme la marque d'une vie sainte ; comment dès lors ne pas rechercher, dans le vol spatial et l'apesanteur conquise, les traces de semblables élans mystiques ? Les grandes religions ont toujours proposé des voies d'ascension spirituelle ; comment ne pas être curieux d'en mieux connaître le tracé biologique, neurologique, au point de pouvoir éventuellement les reproduire sans en endurer toute l'habituelle ascèse ? Et, lorsque les progrès accomplis en matière de sciences et de techniques médicales ont commencé à faire reculer l'échéance de la mort bien au-delà de l'horizon jusqu'alors imposé, comment ne pas voir dans les projets transhumanistes une manière moderne de préserver son âme, quitte à la transférer sur un support de silicium plus durable que l'enveloppe charnelle ? Bref, par un curieux détour, les catholiques d'antan ont été rejoints par de joyeuses bandes de technophiles…

Je ne crois pas que la transcendance – j'entends l'idée d'un au-delà du réel le plus immédiatement expérimenté – y ait gagné quelque chose. Bien au contraire. Sans doute y avons-nous connu et éprouvé des dimensions insoupçonnées du réel, mettant ainsi en œuvre l'invitation faite par Teilhard de nous plonger dans la matière ; mais avons-nous réalisé tout le parcours décrit par le jésuite ? Avons-nous entrepris de purifier ce réel ? Et, en fin de compte, nous y sommes-nous vraiment et suffisamment confrontés ?

3

La collision avec le réel

Il existe des triangles qui, pour ne pas se trouver aux Bermudes, n'en offrent pas moins sinon des mystères, du moins de singulières rencontres. Celui que forment, dans l'État américain de l'Arizona, les sites du Grand Canyon, du Meteor Crater et de Flagstaff est sans nul doute l'un d'entre eux.

La qualité de l'air de cette ville, située au pied des pics San Francisco, avait incité l'astronome Percival Lowell à choisir Flagstaff pour y installer son observatoire, à la fin du XIXe siècle. C'est ainsi que cette localité, étape de la mythique route 66 au cœur du territoire hopi, est entrée dans l'histoire de l'astronomie moderne… et du débat sur les canaux de Mars !

Sans aller jusque sur la planète rouge, il est facile depuis Flagstaff de rejoindre la vertigineuse gorge creusée par le Colorado, de jeter un coup d'œil dans les entrailles de l'histoire de la Terre sur plus de cinquante millions d'années. Le fleuve a probablement entrepris son travail d'érosion au moment où disparaissaient les derniers dinosaures. À une centaine de kilomètres de la cicatrice longiligne du Grand Canyon, la verrue d'un bon kilomètre de diamètre du Meteor Crater n'est pas moins impressionnante : les scientifiques estiment que ce cratère a été provoqué, il y a cinquante mille ans, par l'impact d'une météorite d'environ cinquante mètres de diamètre. Une preuve accablante contre la croyance en un ciel immuable, cosmique : il lui arrive bel et bien de nous tomber sur la tête. Les astronomes estiment que la Terre reçoit chaque jour une centaine de tonnes de matière météoritique, la plupart du temps réduite en poussière grâce à l'efficace bouclier que constitue l'atmosphère de notre planète ; c'est l'origine du spectacle des étoiles filantes. Mais les scientifiques ont toujours rêvé d'être sinon les témoins directs, du moins les contemporains d'un événement analogue à celui qui a creusé Meteor Crater ou encore à celui survenu le 30 juin 1908 au-dessus de la Toungouska, une rivière de Sibérie centrale, probablement l'explosion d'un astéroïde en haute altitude.

Lorsque les astronomes qui surveillent les météorites et les astéroïdes qui se rapprochent de notre planète se sont donné rendez-vous pour le mois d'avril 2013 à Flagstaff, aucun parmi eux ne pouvait imaginer que, le 15 février de la même année, un météore d'une quinzaine de mètres de diamètre traverserait l'atmosphère terrestre pour s'écraser près de la ville de Tcheliabinsk, au sud de l'Oural. Pas de véritable cratère, mais des bâtiments endommagés par les ondes de choc supersoniques et un millier de victimes, pour la plupart blessées par des éclats de vitre…

Personne à l'époque n'a attribué l'événement de Tcheliabinsk à un coup de colère céleste, à une punition divine ; en revanche, il a donné du grain à moudre non seulement aux savants réunis à Flagstaff, mais aussi à ceux qui prennent conscience que nos biens matériels comme nos certitudes intellectuelles et spirituelles peuvent être à tout moment menacés, heurtés par la brutale réalité de notre univers, qu'il s'agisse de la profondeur de l'histoire de notre Terre et de l'espace-temps, des mécanismes célestes et biologiques qui travaillent et influencent cette réalité et même l'hypothèse de vies extraterrestres.

L'épouvantail de l'infini

« Je voudrais voir le monde dans un grain de sable, et le paradis dans une fleur sauvage. Tenir l'infini dans la paume de ma main et voir l'éternité durer une heure. » Le rêve de William Blake est (presque) devenu réalité lorsque, un siècle plus tard, Albert Einstein établit ses théories de la relativité et les résume d'une manière aussi charmante que galante : « Placez votre main sur un poêle une minute et ça vous semble durer une heure. Asseyez-vous auprès d'une jolie fille une heure et ça vous semble durer une minute. » De nos jours, les astronomes continuent de rassembler dans la « paume » de leurs télescopes des ondes venues du fond de plus en plus lointain de l'univers. Et demain les astronautes verront peut-être la Terre, notre monde, se rapetisser jusqu'à la taille d'un grain de sable, au-dessus de l'horizon martien. Certes, les images de l'infiniment grand et de l'infiniment petit n'ont rien à voir avec celles du paradis dessinées par Blake ; elles dégagent néanmoins une atmosphère si singulière, si extraordinaire que ces territoires explorés par nos scientifiques présentent les traits d'un jardin interdit et le goût d'un fruit défendu. L'infini n'a pas fini de nous fasciner et, peut-être même, de nous épouvanter.

A-t-il d'ailleurs jamais eu d'autre effet sur l'esprit humain ? L'expérience de la finitude, celle de l'espace et du temps qui nous sont réservés, de l'existence humaine et des ressources qui lui sont nécessaires, est certainement la plus commune aux êtres vivants ; la conscience propre aux humains donne à cette expérience un tour singulièrement tragique. Mais l'appréhension de l'infini apparaît d'emblée comme beaucoup plus compliquée ; est-il même possible de concevoir, de comprendre l'infini ?

Privé de limites, puisque telle est la signification du terme grec *apeïron*, l'infini ne sert pas seulement d'attribut à Dieu. Parce qu'il recueille, résume tout ce que l'esprit humain ne peut *a priori* ni appréhender ni comprendre, l'infini fascine, à la fois attire et effraie l'esprit humain. C'est ce rôle d'épouvantail que Pascal confie aux deux infinis qu'il met en scène dans son adresse au libertin : afin de le convertir, le philosophe et apologète de la foi chrétienne cherche à étourdir son interlocuteur, à effrayer son imagination, à humilier sa raison. Certes, notons-le, les infinis évoqués par Pascal n'ont aucun caractère divin ; ils sont parfaitement naturels ; Pascal ne confond pas Dieu et la nature. Mais il compte sur le vertige ressenti, l'humiliation éprouvée pour contraindre l'homme jugé égaré à trouver refuge dans la foi en un Être plus grand que lui.

La tentative est bien pensée ; la Bible procède d'ailleurs de la même façon lorsqu'elle met sous la plume de l'auteur des *Psaumes* et dans la bouche de ceux qui les chantent la prière suivante :

« À voir ton ciel, ouvrage de tes doigts, la lune et les étoiles que tu fixas,

Qu'est-ce que l'homme pour que tu penses à lui, le fils d'un homme, que tu en prennes souci ?

Tu l'as voulu un peu moindre qu'un dieu, le couronnant de gloire et d'honneur ;

Tu l'établis sur les œuvres de tes mains, tu mets toute chose à ses pieds[1]. »

À l'homme écrasé par l'impressionnant spectacle de la voûte céleste qu'offrent les nuits d'Orient, le psalmiste offre la foi en un Créateur qui lui réserve la grandeur d'une création à son image et la tâche d'intendant de toute son œuvre. Que demander de plus ?

Mais n'est-ce pas ce que promettent aujourd'hui les discours sur l'ajustement fin (*fine tuning*) des constantes de l'univers et, par voie de conséquence, le principe cosmologique anthropique qui confère à l'espèce humaine, sur la base de ce constat scientifique, le privilège d'une position singulière au sein de l'univers spatial et temporel ? En réalité, la méthode de Pascal, faite d'étourdissement et d'effraction au seul but de faire perdre pied au libertin et de le contraindre à la conversion, n'appartient pas au seul passé de la philosophie. Toutefois les « libertins » du XXIe siècle sont-ils aussi faciles à convertir que ceux côtoyés par Pascal, si tant est qu'ils l'aient été ?

Car les deux infinis contre lesquels le philosophe appuyait sa rhétorique n'ont pas cessé, je le disais, de gagner en profondeur, au point de rendre de plus en plus vertigineuse et intenable la position spatiale et temporelle de notre espèce et de trouver excessives la promesse de la Bible et la revendication des croyants : que sont-ils d'autre que de la poussière d'étoiles emportée par le tourbillon des galaxies ? Dieu lui-même, j'entends celui des traditions hébraïque et chrétienne, ne semble-t-il pas trop lié à cette Terre, aux humains qu'elle abrite, pour avoir d'autres ambitions que celles d'un lare, d'un de ces dieux domestiques vénérés par les Latins dont le pouvoir s'arrête au seuil de la maison ? « Un problème général avec la théologie occidentale, écrivait non sans raison Carl Sagan, est à mon avis que le Dieu qu'elle décrit est trop petit. Il est le dieu d'un monde de rien du tout et non le dieu d'une galaxie, moins encore d'un univers[2]. » Et le médiatique astronome s'étonne dans l'un de ses best-sellers, *Pale Blue Dot* : « Comment se fait-il que pratiquement aucune grande religion ne se soit tournée vers la science et en ait conclu : "C'est mieux que nous ne le pensions ! L'univers est bien plus grand que ne le disaient nos prophètes, plus grandiose, plus subtil, plus élégant" ? Elles disent plutôt : "Non, non, non ! Mon dieu est un petit dieu, et je veux qu'il le reste." Une religion, ancienne ou nouvelle, qui mettrait l'accent sur la splendeur de l'univers telle que la révèle la science moderne pourrait s'attirer beaucoup plus de vénération et de respect que les religions traditionnelles[3]. » La première religion de ce genre qui vienne à l'esprit est bien entendu le panthéisme, sous l'une des nombreuses formes qu'il a prises au cours de l'histoire humaine. *Deus sive natura*, Dieu ou la nature : par sa célèbre formule, Spinoza « dit » une divinité immanente qui est unie à la nature ; une unité des substances et non pas une dualité. « L'être éternel et infini que nous appelons Dieu ou Nature, écrit-il dans son *Traité théologico-politique*, agit comme il existe, en vertu de la même nécessité. » Dieu et la nature se trouvent pris d'un même vertige.

Diviniser la nature, naturaliser Dieu : il faut reconnaître que ce sont là des tendances ô combien humaines qu'il est aisé de repérer dans toutes les cultures, toutes les spiritualités, même les plus élevées. Le grand mystique que fut Teilhard de Chardin le reconnaît : « J'ai toujours eu, je crois, l'âme panthéiste. C'est très commode pour être chrétien[4]. » Mais, convenons-en, le respect exigé par le divin peut être une bonne excuse pour ne pas trop l'approcher, pour ne pas affronter le vertige que le réel peut nous imposer. Une autre forme de *deus ex machina*. Et s'il fallait en finir avec lui également ?

Pour en revenir à la bourde de Pie XII, elle est excusable lorsque nous nous souvenons que l'idée d'un monde sans commencement, autrement dit infini dans le passé, avait donné du fil à retordre à des générations de théologiens chrétiens. L'un des plus fameux d'entre eux, Thomas d'Aquin, en avait fait le sujet d'une des questions de sa *Somme théologique* :

« Difficulté 2. Aristote prouve que ce qui se fait à un moment donné se faisait déjà antérieurement, de sorte que tout devenir comporte un avant et un après. Or, dans le commencement du temps, qui est indivisible, on ne peut distinguer un avant et un après. Donc, être créé étant devenir d'une certaine manière, il semble que les choses ne puissent être créées au commencement du temps. [...]

Solution 2. La thèse du Philosophe qu'on rappelle est très exacte ; mais elle ne s'applique qu'à ce qui se fait par voie de mouvement ou qui est un terme de mouvement. [...] Mais la création n'est ni un mouvement, ni le terme d'un mouvement, comme on l'a dit plus haut. C'est pourquoi, ce qui est créé l'est de telle sorte qu'auparavant il ne l'était pas[5]. »

Thomas d'Aquin est assez clair : même si l'argumentation d'Aristote en faveur d'un monde sans commencement est parfaitement soutenable, elle n'est pas compatible avec l'idée de création qui constitue l'un des piliers de la foi chrétienne selon lequel toute réalité, y compris le temps, est créée « de telle sorte qu'auparavant elle ne l'était pas ». Ainsi, le *Fiat lux* est une manière de confesser que la lumière n'est pas éternelle, que le temps de la lumière n'est pas infini, mais que la lumière a été créée à partir de rien, *ex nihilo*, au commencement de la création. De quoi expliquer l'enthousiasme du pape pour l'idée d'un *big bang* originel… sans pour autant absoudre sa bourde. D'ailleurs, la consolidation de cette théorie n'a pas plus converti à la foi biblique l'ensemble de la communauté des astrophysiciens et des cosmologistes que les libertins du XVIIe siècle n'ont tous été convertis par l'épouvantail vertigineux de Pascal. Malgré la mise en garde du chanoine Lemaître, nombreux sont les croyants à avoir imité Pie XII : rassurés par cette bénédiction *urbi et orbi* de la vulgate scientifique, ils ont largement puisé dans la photothèque du télescope Hubble pour illustrer leurs catéchismes. Savent-ils pourtant qu'une théorie scientifique ne reste qu'une théorie, qu'une révolution scientifique peut survenir demain, comme cela fut le cas à plusieurs reprises dans le passé récent, et remettre en question cette vision si accordante, si concordante ? Probablement, mais pourquoi s'en préoccuperaient-ils ? Après eux, le déluge !

Une chose m'étonne : ces croyants et nous-mêmes peut-être nous intéressons volontiers à l'infiniment petit, à l'infiniment grand et au passé parce que, à quelque treize milliards d'années de nous, est dressé un mur rassurant… même si ce mur de Planck cache une réalité encore plus mystérieuse que celle scrutée par nos télescopes et expliquée par nos théories. Mais que faisons-nous du temps à venir ? Des infinis à venir ? Les scientifiques nous expliquent que, dans l'avenir, notre Soleil se transformera d'abord en géante rouge, se gonflera jusqu'à atteindre deux cent cinquante fois son volume actuel, avant de s'effondrer et de se refroidir pour devenir une naine blanche ; entre-temps, les océans de la Terre s'évaporeront dans moins d'un milliard d'années avant que notre planète ne soit absorbée par le Soleil ou purement et simplement éjectée de son système planétaire… De quoi, peut-être, nous désintéresser du sort de l'univers, au sujet duquel les dernières observations et découvertes avancent l'hypothèse selon laquelle l'expansion actuelle devrait se poursuivre, soutenue par une « mystérieuse » énergie noire. Le cosmos deviendra de plus en plus froid, de moins en moins dense ; ne s'y formera plus aucune galaxie, n'y naîtra plus aucune étoile. L'avenir de notre univers a toutes les allures d'une mort à petit feu ou, plus exactement, à froid absolu, et ce pour l'éternité. Mais l'humanité aura déjà été réduite depuis fort longtemps au rang de « poussière d'étoile ».

Cet infini à venir est-il susceptible d'épouvanter le libertin, de lui faire prendre le chemin de Dieu ? Laissons aux héritiers de Pascal l'espoir ou le rêve pieux. Demandons-nous en revanche ce que deviennent les constantes cosmologiques, le principe anthropique qu'elles soutiennent, face à cette fin sans fin d'un univers qui ne paraît plus guère être le nôtre ? L'infini est bien plus qu'un épouvantail pour âme en peine ou conscience troublée ; il est un terrible attracteur qui semble capable d'engloutir les argumentations les plus élaborées, les confessions de foi les plus solides. Que penser de l'être humain, que dire de Dieu lorsque le premier a disparu de l'œuvre créatrice du second ? Pouvons-nous nous contenter de confesser qu'aux yeux de Dieu mille ans sont comme un jour ? N'oublions pas la boutade, généreusement attribuée à Woody Allen : « L'éternité, c'est long, surtout vers la fin ! »

Apparemment, les croyants se montrent moins pressés d'affirmer une fin de la création aussi brutale que son commencement. À une vision catastrophiste, inspirée des visions du livre de l'Apocalypse, d'autres préfèrent une vision moins violente, celle d'une transformation lente de l'actuelle création en une nouvelle ou encore celle d'un retour progressif au paradis perdu. La nostalgie serait-elle donc aussi efficace que l'épouvante ?

Le défi du hasard

Nous devons à Esther Salaman l'un des aveux les plus célèbres de l'histoire des sciences. Vers

1920, à l'issue d'un séminaire de physique à l'université de Berlin, la jeune femme s'était enhardie à demander à son professeur : « Maître, que cherchez-vous donc dans vos équations ? » Albert Einstein, car il s'agissait du futur prix Nobel de physique, lui avait fait cette réponse : « Je veux savoir comment Dieu a créé l'univers. Je ne suis pas intéressé par tel ou tel phénomène, tel ou tel élément. Je veux connaître la pensée de Dieu ; le reste n'est que détails[6]. » Le mot est connu, a été largement cité et commenté, a servi à fonder de nombreuses hypothèses sur la théologie du savant. Il me semble remarquable que, tout en prétendant chercher à « connaître la pensée de Dieu », Einstein n'en défend pas moins des avis extrêmement précis et personnels sur celui qu'il nomme Dieu. Aussi célèbre que sa réponse à sa jeune étudiante est son célèbre apophtegme : Dieu ne joue pas aux dés. Il le formule pour la première fois en août 1926 dans un courrier adressé à son ami Paul Ehrenfest au sujet de la mécanique quantique : « La théorie [quantique] accomplit énormément de choses, mais elle ne nous mène pas plus près des secrets du Vieux. En tout cas, je suis convaincu qu'Il [Dieu] ne joue pas aux dés (*Jedenfalls bin ich überzeugt, daß der [Herrgott] nicht würfelt*)[7]. » Einstein partage cette aversion à l'égard du hasard (n'oublions pas que le mot arabe *az-zahr* désigne le dé ou le jeu de dés, de même que le terme latin *alea*) avec des collègues, des philosophes, des croyants enfin qui, contrairement à lui, fréquentent les synagogues, les églises ou les temples. À leurs yeux, l'idée de hasard véhicule un soupçon, voire une évidence d'hérésie : il est hors de question que le Créateur, tout-puissant, omniscient et juste, puisse confier son œuvre à des processus aléatoires.

À n'en pas douter, le hasard constitue l'une des « pierres » les plus importantes de l'édifice des sciences modernes. Une pierre d'angle, une pierre de soutènement, parce qu'il est au centre des principales théories physiques et biologiques : à côté de la mécanique quantique, je pense évidemment aux théories de l'évolution. Une pierre d'achoppement, un obstacle contre lequel butent ceux qui refusent ces mêmes théories et les conceptions de l'univers, du vivant qu'elles soutiennent. Le hasard est l'une des premières pierres que les protagonistes modernes se jettent à la figure les uns des autres lorsqu'ils décident de défendre leur propre vision de la réalité, de son origine, de son devenir.

Depuis le travail des mathématiciens du XVIIe siècle, il paraît évident d'associer à la notion de hasard l'outil que constituent les probabilités ; cependant, définir le hasard demeure un exercice compliqué. Parmi les nombreuses définitions disponibles, deux retiennent habituellement l'attention. Celle d'Antoine Cournot, dans son *Exposition de la théorie des chances et des probabilités* (1843), s'appuie sur l'idée de cause, plus précisément de chaîne de causalités : « la combinaison ou la rencontre de phénomènes qui appartiennent à des séries indépendantes, dans l'ordre de la causalité, [...] ce qu'on nomme des événements fortuits ou des résultats du hasard ». Alors que Laplace, dans sa vision déterministe du monde, considère le hasard comme l'expression de notre ignorance des causes, Cournot propose donc une interprétation différente et originale : il conserve l'idée d'un déterminisme mais seulement au sein de séries causales ; en revanche, il défend une possible indépendance des séries les unes par rapport aux autres. À la même époque, lorsque Darwin élabore sa théorie de l'origine des espèces, il a recours à une vision semblable du hasard : les processus qui fournissent une variété de caractères au sein d'une population sont indépendants de ceux qui conduisent à la sélection de certains individus. Autrement dit, si, au milieu d'une population de girafes, certaines possèdent un cou plus long que celui de leurs congénères, c'est le fait du hasard et non dans le but de favoriser les premières pour aller se nourrir des feuilles des arbres, au détriment des secondes...

La définition du hasard proposée par Henri

Bergson dans *Les Deux Sources de la morale et de la religion* (1933) est peut-être plus connue encore, à cause de sa mise en scène tragi-comique. Elle mérite de ne pas être tronquée, comme elle l'est trop souvent : « Une énorme tuile, arrachée par le vent, tombe et assomme un passant. Nous disons que c'est un hasard. Le dirions-nous, si la tuile s'était simplement brisée sur le sol ? [...] la tuile semble l'avoir *choisi* pour y tomber. [...] Le hasard est donc le mécanisme se comportant *comme s*'il avait une intention[8]. » Le « comme si » est d'importance : il laisse clairement entendre que, pour Bergson, le hasard ne possède aucune intention mais que, paradoxalement, celle-ci est d'autant plus (faussement) apparente qu'elle n'existe pas.

Ainsi, ces deux penseurs s'accordent pour refuser au hasard tout pouvoir sur les éléments, sur les événements. Rien ne se fait « par le hasard », c'est-à-dire par l'action du hasard, mais seulement « par hasard », c'est-à-dire d'une manière ou plus exactement sous une apparence qui laisse croire à l'aboutissement, à l'action d'une intention, alors même que les témoins savent le plus souvent ou plus exactement devinent qu'il n'en est rien. Ainsi disons-nous qu'une rencontre a eu lieu « par hasard », comme nous décidons d'entreprendre « par beau temps » une promenade, une randonnée, une croisière.

Une première conclusion s'impose : à strictement parler, le hasard n'offre pas la moindre explication scientifique acceptable ; il permet seulement de décrire une situation ou plus exactement les conditions dans lesquelles le réel est devenu ce qu'il est. Pourtant, et c'est là une seconde conclusion tirée des définitions précédentes, le hasard ne se trouve pas nécessairement en butte avec l'existence ou, plus exactement, avec l'affirmation ou la confession de l'existence d'un dessein intelligent, d'un grand architecte, d'un génial horloger ou d'une quelconque puissance supérieure, car, n'oublions pas la judicieuse remarque de Bergson, le hasard laisse planer une atmosphère de déterminisme, d'intention. Ainsi est-il facile de constater et aisé de dire, même pour un biologiste darwinien, que la girafe a un long cou afin de pouvoir manger les feuilles les plus hautes de l'arbre. Et il est tout aussi facile de passer d'un tel déterminisme *a posteriori* à une forme plus spéculative, celle résumée par Albert Einstein ou Albert Schweitzer (puisque les deux Albert peuvent apparemment en revendiquer la paternité) dans le fameux aphorisme : « Le hasard, c'est Dieu qui se promène incognito. »

Et si nous prenions au sérieux cette dernière formule ? Avons-nous déjà vu Dieu se promener ? Oui, si nous en croyons la Bible et plus précisément le récit de la Genèse consacré aux premiers temps de la Création. Son auteur, probablement héritier d'une culture du désert et du nomadisme, s'est plu à imaginer Dieu sous les traits d'un promeneur qui, une fois le soir et la fraîcheur venus, pénètre dans le jardin d'Éden pour y retrouver ses deux créatures les plus achevées, le bel Adam et la splendide Ève, afin de s'entretenir avec eux de la pluie et du beau temps.

Le jardin d'Éden : le prototype, le reflet du paradis auquel nous rêvons, auquel l'humanité a toujours rêvé. Une oasis pour nos esprits tourmentés et nos existences chaotiques ; un lieu où « tout n'est qu'ordre et beauté, luxe, calme et volupté » pour reprendre les mots de Charles Baudelaire. Je ne suis pas certain que le scribe biblique ait pensé au luxe et à la volupté ; en revanche, il prêtait bien à ce jardin les qualités d'ordre, de calme et de beauté et, s'il avait pu le connaître, aurait sans doute souscrit à l'avis d'un maître en la matière, le sieur Antoine Joseph Dezallier d'Argenville, qui écrivait au temps du roi Louis XIV : « Y a-t-il rien de plus agréable et de plus délicieux, qu'un beau Jardin, bien disposé, et bien entretenu, rien dont l'aspect contente plus les yeux, et donne plus de satisfaction aux gens de bon goût. » Ainsi le jardin d'Éden est-il un jardin à la française au milieu duquel Dieu se promenait à la fraîche avec ses favoris humains et sa cour angélique. Le jardin d'Éden est un autre nom du cosmos.

Durant des siècles, le cosmos et les jardins à la française s'imposèrent à la pensée humaine pour protéger Dieu leur Créateur de tout soupçon d'impuissance, d'inconsistance, d'ignorance. À ceux qui, au fil de leur existence ou de l'histoire humaine, s'inquiétaient d'une perturbation imprévue, d'un ordonnancement bousculé, d'une beauté malmenée, les sages, les pieux, les garants de l'ordre répondaient en puisant dans le même réservoir rhétorique qu'Albert Einstein : « N'ayez crainte, Dieu est bien là, mais vos yeux sont incapables de le reconnaître. » Autrement dit, Dieu vous reste le plus souvent inconnu, incognito.

À ceux qui persistaient néanmoins dans leur désir de connaître sinon le visage du moins la volonté de Dieu s'offraient maintes techniques divinatoires, toutes fondées sur une même idée : tout, dans ce monde cosmique, est dirigé, déterminé par cette volonté divine ; il suffit donc de savoir interpréter les signes de la nature. Du cours des astres au vol des oiseaux, des vagues de la mer aux dessins des carapaces de tortue : rien dans la nature n'échappe au contrôle, à la volonté de Dieu ; tout peut donc être déchiffré pour découvrir la marche future d'un monde réglé comme une horloge. Y compris le lancer de dés.

Nous connaissons la suite ; je l'ai déjà évoquée. Après les successives révolutions scientifiques, d'abord celle fomentée par les astronomes, Copernic, Galilée, Kepler en tête, puis celle déclenchée par Charles Darwin et alimentée par les découvertes en génétique, les jardins à la française ont été remplacés par des jardins anglais. Et le hasard a pris pied ou, plus exactement, s'est imposé comme cette pierre dont je parlais précédemment. Pierre d'angle ou pierre d'achoppement. Et pourtant, Bergson l'affirme, le hasard ne s'impose pas, il se voile, se masque sous les traits d'une intention, d'une intelligence supérieure, d'un Grand Architecte, bref de Dieu…

Nous voilà bien avancés ! Qui devons-nous croire ? Einstein ou Bergson ? De Dieu et du hasard, lequel cache l'autre ? Lequel use des apparences de l'autre pour se promener incognito ? Dans l'impossibilité de répondre à ces questions, nous en sommes réduits à insister sur ce que le hasard n'est pas, plutôt que sur ce qu'il est…

Avec la forme que lui ont offerte les sciences modernes, avec l'actualité que lui confèrent notre fascination pour le risque et notre vénération du principe de précaution, la question du hasard appartient bel et bien à notre patrimoine humain, à l'instar de notre patrimoine génétique : elle nous structure, nous dimensionne, sans pour autant nous dicter nos pensées, ni expliquer nos décisions.

Il faut revenir au jardin d'Éden. Il a été le théâtre d'un drame dont l'écho inspire encore nos cultures en Occident ; je veux parler de l'affaire de la pomme, croquée par Ève puis par Adam. L'un des mythes les plus célèbres de notre culture. Que nous raconte-t-il ? Que nos mythiques parents ont succombé à la tentation de savoir, de connaître le bien et le mal, autrement dit, dans le langage biblique, de connaître toutes choses, de connaître… la pensée de Dieu. Une fois le fruit mangé, lorsque ce dernier est venu leur rendre sa visite quotidienne et vespérale, ils se sont cachés, honteux de leur forfait autant que de leur nudité.

Ainsi, en fin de compte, ce ne sont ni Dieu ni le hasard qui se cachent, mais bien plutôt nous, les humains, qui tentons de nous cacher, d'échapper à l'épreuve du réel, au dévoilement de nos ignorances, de nos inconnaissances, de nos inconséquences. Or, nous avons beau nous cacher, prétendre que « nous n'y sommes pour rien », que tout dépend de Dieu ou du hasard, rien n'y fait : il nous incombe de donner nous-mêmes un sens à notre existence, quelle qu'en soit la part de déterminisme et d'indéterminisme, d'intention et de hasard.

« Un coup de dé n'abolira jamais le hasard », écrivait mystérieusement Mallarmé. Ne serait-ce pas une manière de dire que le choix d'agir ou de ne pas agir, d'aimer ou de haïr, de rire ou de pleurer, de croire ou de nier, de bâtir ou de détruire (pour reprendre les mots de Qohélet, l'un des sages de la Bible), que ce choix revient à chacun d'entre nous, cet impératif de « choisir d'être humain » pour reprendre la belle expression du biologiste René Dubos ? Et ce choix s'impose à nous autant que le réel.

N'oublions pas pour autant notre appartenance à une biosphère terrestre : aucun vivant, si évolué ou *sapiens* qu'il soit, ne peut vivre seul, isolé. C'est là une raison de mesurer le caractère singulier du vivant terrestre tel que nous le connaissons aujourd'hui : sa beauté, aimerais-je dire, ne relève ni des seuls canons du déterminisme, ni du seul jeu des possibles, mais plus certainement de la conspiration du hasard et de la nécessité. Dès lors, nous ne pouvons plus interroger la vie terrestre en ignorant le reste de l'univers : celui-ci n'est plus réduit à un fond, à un décor. L'univers constitue, comme son nom même l'indique, un tout avec le vivant et donne ainsi à ce dernier de nouvelles frontières.

En attendant l'extraterrestre

D'elle, Albert le Grand, qui enseignait la théologie au Collège des Jacobins à Paris au milieu du XIIIe siècle, disait qu'elle constituait « l'une des questions les plus étonnantes et nobles dans la Nature » ; Arthur C. Clarke, le célèbre auteur de science-fiction, soutenait quant à lui qu'elle était « l'une des suprêmes questions de la philosophie ». À l'opposé, C. S. Lewis, plus connu pour *Les Chroniques de Narnia* que pour son ouvrage de défense de la foi chrétienne intitulé *Mere Christianity* (littéralement « Simple christianisme »), la rangeait parmi les « fantômes conjecturaux » à propos desquels il écrivait dans les années 1950 : « Je pense qu'un chrétien peut s'avouer heureux si sa foi ne rencontre jamais de difficultés plus redoutables que ces fantômes conjecturaux. » Cette question est celle de la possible existence d'êtres extraterrestres ou, pour user d'une terminologie plus ancienne, celle de l'hypothétique pluralité des mondes habités.

Je ne crois pas nécessaire de trancher entre ces deux positions extrêmes ; je trouve suffisant de nous en tenir à l'usage de cette question qu'en a fait le rédacteur de l'article « Problème » de l'*Encyclopédie*, publiée par Diderot et d'Alembert au XVIIIe siècle :

« PROBLÈME *en terme de Logique*, signifie une question douteuse, ou une proposition qui paroît n'être ni absolument vraie, ni absolument fausse ; mais dont le pour & le contre sont également probables, & peuvent être soutenus avec une égale force. Ainsi c'est un *problème* que de savoir si la lune & les planetes sont habitées par des êtres qui soient en quelque chose semblables à nous. Voyez PLURALITÉ DES MONDES. C'est un *problème* que de savoir si chacune des étoiles fixes est le centre d'un système particulier de planetes & de cometes. Voyez PLANETE, ÉTOILE, &c. »

Oui, l'existence de formes de vie ailleurs que sur Terre constitue un véritable « problème » pour l'esprit humain, une hypothèse qui n'est « ni absolument vraie, ni absolument fausse » et ce, au moins pour l'Occident, depuis la naissance de la philosophie jusqu'à nos jours, en passant par le temps des Lumières.

Cette question a pris une consistance scientifique particulière avec le début de l'ère de l'exploration spatiale. À l'observation du ciel grâce aux lunettes et aux télescopes (y compris spatiaux), s'ajoute désormais l'envoi de sondes robotiques capables d'explorer les planètes du système solaire et même au-delà : rares sont désormais les Terriens à ne pas avoir entendu parler des robots à six roues qui sillonnent la planète Mars ou encore de la sonde Philae qui s'est posée en 2014 à la surface d'une comète. Ainsi est né un nouveau domaine scientifique, l'astrobiologie, autrement dit l'association de deux champs de recherche jusqu'alors indépendants l'un de l'autre, celui de l'astronomie et celui de la biologie.

L'un des succès les plus remarquables de notre époque est certainement la résolution d'un des deux problèmes évoqués par l'*Encyclopédie* : en 1995, Michel Mayor et André Queloz ont observé la première planète qui tourne autour d'une autre étoile que la nôtre ; des centaines puis des milliers d'autres semblables ont depuis lors été découvertes. Et l'amélioration des techniques et des méthodes permet de repérer des planètes toujours plus petites, des planètes qui ressemblent toujours plus à la nôtre. Autant dire que les chances de dénicher de la vie extraterrestre ont considérablement augmenté au cours des trente années écoulées. Pour autant et jusqu'à présent, nous ne possédons pas la moindre preuve d'une existence extraterrestre : la pluralité des mondes, le second exemple de l'*Encyclopédie*, reste bel et bien aujourd'hui encore un problème.

Qu'elle réponde à une suprême question ou fasse fuir un fantôme conjectural, la découverte ou plus exactement la mise en évidence de formes de vie ailleurs que sur Terre provoquerait certainement des turbulences médiatiques, probablement des troubles idéologiques, peut-être même des révolutions scientifiques. Il y a quelques années, une revue de vulgarisation scientifique avait choisi d'attirer l'œil et la curiosité de ses lecteurs en annonçant sur la page de couverture : « De la vie sur Mars ! »… non sans préciser, en plus petits caractères, qu'il s'agissait de celle qui avait pu se glisser à bord des sondes d'exploration martienne. Évidemment, l'annonce d'une telle découverte ne serait pas faite sans avoir de solides assurances, j'entends un vrai consensus de la communauté scientifique ; elle serait ensuite « récupérée » par les pouvoirs qui cohabitent avec ceux conférés à la science, en tout premier lieu le politique et le religieux. Nombreux sont les écrivains, les scénaristes à avoir imaginé un tel moment. Et chacun d'entre nous peut imaginer sa propre réaction à cette information, à ce passage du problème à la solution, de la fiction à la réalité, de la croyance au savoir, du doute à la peur ou au contraire à l'espoir.

Qu'en sera-t-il des sciences du vivant et, plus largement, de la compréhension par l'humanité de sa place au sein de l'univers, dans le cas d'une telle découverte ? Une partie de la réponse dépend des relations biologiques, généalogiques qu'il sera possible d'établir entre ces êtres dont l'existence aura été découverte et ceux qui peuplent ou ont peuplé la Terre. Un faisceau de ressemblances entre la vie terrestre et la vie extraterrestre plaiderait en faveur d'un déterminisme qui prévaudrait à l'émergence et à l'évolution d'êtres vivants au sein de l'univers, dont il resterait à trouver l'origine et les modes d'action ; en revanche, une diversité des formes pourrait constituer un début de preuve en faveur du caractère aléatoire de l'évolution de ce que nous appelons le vivant, même si, sur Terre, l'unique origine de toutes les formes de vie qui s'y trouvent n'empêche nullement le constat d'une extraordinaire diversité. Bref, s'il constitue un élément désormais incontournable dans notre compréhension de la place occupée par notre espèce et par la biosphère terrestre dans l'espace-temps de notre univers, l'extraterrestre, qu'il existe ou qu'il n'existe pas, ne recèle pas à lui seul les réponses à toutes nos interrogations, à tous nos problèmes touchant nos origines.

Probablement en serait-il de même pour la réflexion philosophique : découvrir les traces, les preuves d'une existence extraterrestre n'entraînerait pas la fin des débats ni des joutes entre les descendants des atomistes et ceux des aristotéliciens, de Nicolas de Cues et de Giordano Bruno, de Fontenelle et de Voltaire. Au sein d'un univers sinon infini du moins illimité, les trous noirs, les rides du temps ou, pourquoi pas, d'autres dimensions que nos quatre habituelles pourront toujours offrir refuge à d'insoupçonnés aliens. La question d'autrui, même portée au-delà de l'horizon terrestre, continuera donc à nous suivre comme notre ombre. Entre-temps, demain peut-être, elle pourra se matérialiser dans la nécessité d'accorder une place juridique à ces extraterrestres découverts ou rencontrés, tout comme nous cherchons à le faire aujourd'hui pour les espèces vivantes qui nous paraissent les plus proches de nous. À moins que, auparavant ou simultanément, nous devions réitérer la dispute de Valladolid : nous ne nous demanderons plus si les habitants du Nouveau Monde ont une âme et doivent donc être traités comme des *alter ego*, comme des semblables, mais s'il en est ainsi pour les populations humaines issues d'une migration terrestre et ayant vécu plusieurs générations sur une autre planète... Autant de déploiements de la question extraterrestre qui pourraient nous effrayer, voire nous terrifier, surtout lorsque nous prenons la mesure des difficultés que nous rencontrons pour gérer la question d'autrui à la seule échelle humaine et terrestre. Mais peut-être n'est-ce rien encore, lorsque, avec Arthur Rimbaud, nous nous rendons compte que « Je est un autre ». Tirésias aurait-il vu juste lorsqu'il mettait en garde le jeune Narcisse : il ne vivrait, ne survivrait qu'à la seule condition de ne jamais chercher à se connaître lui-même ? L'extraterrestre, découvert ou encore à découvrir, nous renvoie immanquablement à nous-mêmes ; il nous impose notre humaine, terrestre et mortelle condition.

Lorsque nous en arrivons au domaine des religions, l'hypothèse d'existences extraterrestres prend une tournure un peu particulière. Un spectre ne manque pas de surgir, moins conjectural que ceux évoqués par C. S. Lewis mais plus dramatique : c'est pour avoir affirmé de façon trop péremptoire l'existence de planètes autour des étoiles autres que notre Soleil et d'habitants sur ces planètes que Giordano Bruno a été jeté dans les prisons de l'Inquisition, a comparu devant son tribunal, a été jugé et condamné à mort. Après avoir assisté à sa mort sur le bûcher, le matin du 17 février 1600, au Campo de' Fiori à Rome, l'érudit et pamphlétaire allemand Caspar Schoppe écrivit à un ami ce semblant d'épitaphe : « Je pense qu'il sera allé raconter, dans ces autres mondes qu'il avait imaginés, comment les Romains ont coutume de traiter les impies et les blasphémateurs. » Un jour, peut-être, des extraterrestres élèveront Giordano Bruno au rang de martyr et le canoniseront. Car il ne faut pas attendre des autorités romaines qu'elles entament la moindre révision de son procès et envisagent sa réhabilitation : son « cas » est bien plus grave que celui de Galilée, qui n'a d'ailleurs pas été véritablement réhabilité si nous en croyons les historiens ; les autorités romaines se sont contentées de reconnaître l'erreur commise par les théologiens et les juges de Galilée... Avec ou sans Giordano Bruno, le dossier de la pluralité des mondes et de la vie extraterrestre conserve sinon une odeur de soufre et de fumée, du moins des allures de dossier particulièrement sensible : la possibilité d'existences extraterrestres interroge la capacité des traditions religieuses à accueillir l'étrange, le différent, le nouveau, au sens propre comme au sens figuré.

Je ne compte plus les fois où, à l'issue d'une conférence, d'une table ronde au cours de laquelle j'ai parlé d'exploration de l'espace, d'astrobiologie ou encore de théologie chrétienne de la Création, j'ai été invité à répondre à la question : « À votre avis, la découverte d'une vie extraterrestre entraînerait-elle la fin des religions ? » Et j'ai entendu des croyants m'avouer être effrayés à l'idée que des « Martiens » puissent exister. Comme s'il fallait impérativement choisir entre le Dieu de la Bible et les extraterrestres.

Il ne fait aucun doute que la tradition chrétienne mérite la critique que lui a adressée Richard Feynman à propos de l'écart qui semble exister entre, d'une part, la foi en un Dieu qui s'intéresserait tellement aux drames, aux tragédies humaines qu'il aurait envoyé un messager divin sur Terre et, d'autre part, les dimensions spatiales et temporelles de l'univers : « La scène est trop grande pour le drame[9] », constatait le scientifique américain. Aux yeux de Feynman, comme aussi de Carl Sagan, la question extraterrestre constitue, non sans d'excellentes raisons, une pierre d'achoppement pour ceux dont la foi sous-entend ou cultive un anthropocentrisme aussi marqué que celui du christianisme. Des solutions existent, des solutions que j'ai déjà évoquées, du panthéisme à l'athéisme, des solutions qui évitent d'aborder de front une autre dimension de la tradition chrétienne, à côté de son anthropocentrisme, je veux parler de son christocentrisme. Une fois encore, Pierre Teilhard de Chardin peut nous servir ici de guide afin, tout à la fois, de prendre au sérieux le défi lancé par la possibilité d'une vie extraterrestre et de rendre compte de la foi chrétienne.

Lorsque, le 5 juin 1953, le savant jésuite donne une conférence sur le thème de « La multiplicité des mondes habités[10] », il s'amuse à évoquer le mot de l'un de ses confrères, le rédemptoriste Francis Connell, à propos du caractère « intuable » des extraterrestres qui viendraient visiter notre planète, parce qu'ils auraient très certainement échappé au péché originel... Même s'il soupçonne son confrère d'être un pince-sans-rire pour oser avancer une théologie de la chute aussi farfelue, Teilhard de Chardin est choqué de constater que les théologiens et les autorités de son Église ne montrent pas plus d'intérêt pour l'antique question théologique à laquelle les découvertes scientifiques du milieu du XXe siècle confèrent pourtant une pressante actualité. Car lui-même n'hésite pas à quitter les rivages de l'indifférence religieuse et de la théologie de pacotille pour estimer que « l'idée d'une seule planète hominisée au sein de l'Univers nous est déjà devenue en fait (bien que nous n'y prenions généralement pas garde) presque aussi impensable que celle d'un Homme apparu sans relations génétiques avec le reste des animaux de la Terre ». Et il s'interroge : « En présence de cette multiplicité prodigieuse des foyers sidéraux de "vie immortelle", comment va réagir la Théologie pour répondre à l'attente et aux espérances anxieuses de tous ceux qui veulent continuer à adorer Dieu en esprit et en vérité[11] ? » Avec Connell, il reconnaît que le cœur de la question, pour les chrétiens, relève de leur foi en l'œuvre de rédemption du Christ. Et, d'emblée, il écarte trois manières d'esquiver la question, voire la confrontation éventuelle avec le réel extraterrestre : décider que seule la Terre, parmi toutes les planètes habitées, a connu le péché originel et doit donc être rachetée ; imaginer que l'œuvre rédemptrice du Christ, accomplie par son incarnation sur notre planète, a été connue des autres « humanités » ; enfin, affirmer que seule la Terre est habitée dans l'univers. Trois solutions qui paraissent au jésuite respectivement « absurde », « ridicule » et « humiliante ».

Trente-cinq ans plus tôt, dans les tranchées de la Grande Guerre, le jeune prêtre a déjà posé les prémisses de sa christologie cosmique, à partir de la tradition du Nouveau Testament et des Pères de l'Église. Dans une lettre datée du 24 février 1918, l'aumônier-poilu n'hésite pas à écrire : « Étant donné que le cosmos est *certainement* inséparable, et que le Christianisme n'est pas plus petit que le Cosmos, il faut admettre une certaine manifestation "polymorphe" du Christ cosmique sur divers mondes, suivant l'aptitude de ces mondes à être intégrés dans l'Univers céleste. Le Christ humain ne serait alors qu'une face du Christ cosmique. – Autrement, le Christ (s'il ne soutenait que la Terre) serait plus petit que le Monde[12]. »

À l'époque, cette lettre n'était destinée qu'à un autre jésuite qui a dû s'inquiéter pour son confrère ; je ne doute pas un instant que son audace puisse, aujourd'hui encore, effrayer plus d'un chrétien. Essayons pourtant de comprendre la position théologique de Teilhard de Chardin dont la confession d'un Christ cosmique aux possibles manifestations polymorphes constitue un reflet.

Rappelons-nous que le savant appréhende et comprend le réel comme soumis à des processus de transformation, de développement, de genèse ; il parle de cosmogénèse, de biogénèse, d'anthropogénèse, enfin de noogénèse. Que la Bible mette en scène la formule « Dieu dit et il en fut ainsi », répétée toutes les vingt-quatre heures, relève d'un genre littéraire qui à ses yeux n'a rien de scientifique ni d'historique mais relève d'abord de la pédagogie, de la liturgie et, en fin de compte, de la théologie. Au « Il était une fois » du style mythique, le chrétien attentif aux connaissances actuelles doit désormais préférer ou plutôt ajouter un « Il devient » et accorder au monde bien plus de temps, de mouvements, de tâtonnements, pour qu'il parvienne à l'état dans lequel nous le voyons, l'expérimentons désormais… et le découvrirons encore demain. De plus, l'auteur du *Phénomène humain* défend une vision orthogénétique de l'histoire de l'univers, une vision dont il donne peut-être la définition la plus assurée dans une lettre à son ami et disciple, Pierre Leroy, peu de temps avant de mourir. « Le fait demeure acquis, lui écrit-il, de l'existence, dans le Phénomène vital, non pas immédiatement d'une FINALITÉ (celle-ci n'apparaît expérimentalement qu'avec la Réflexion, c'est-à-dire dans l'Homme), mais d'une POLARITÉ[13]. » Cette polarité, cette attraction, Teilhard de Chardin en confère le pouvoir au point Oméga, au Christ cosmique. « L'Omégalisation [*sic*], écrit-il encore, n'est pas seulement la sublimation de l'humain : c'est l'attraction d'un Autre… non seulement qui émerge (comme les omégas) mais qui fait tout (s')émerger autour de Lui[14]. » Qu'importent les méandres généalogiques, les hésitations évolutives, les soubresauts historiques ; qu'importent le mystérieux *big bang* et l'inaccessible commencement du temps et de l'espace ; qu'importent les effrayantes dimensions de l'univers et ses possibles extraterrestres : il convient, selon Teilhard de Chardin, de contempler le passé, le présent et même l'avenir en ayant préalablement posé l'existence d'un « En-haut » et d'un « En-avant », autrement dit d'un Attracteur qui suscite, inspire, soutient une continuelle convergence des éléments qui constituent le réel. Et il faut entendre tout le réel, quand bien même il serait vivant et extraterrestre.

Que le lecteur en soit persuadé : je n'ai évidemment pas choisi par hasard d'évoquer la pensée de Pierre Teilhard de Chardin au terme de ce chapitre consacré à ce que j'ai appelé une « collision avec le réel ». Si j'estime que cette pensée constitue une matière particulièrement adaptée au chrétien qui décide de réfléchir à la possibilité d'une vie extraterrestre, une réalité à laquelle nous pourrions être confrontés dans le futur, elle ne manque pas non plus d'intérêt pour les deux autres dimensions du réel, l'infini et le hasard. Autant que pour la question du commencement de l'univers et, en fin de compte, plus encore que pour celle-ci, le jésuite s'est passionné pour celle de sa fin : sa foi en un Christ Oméga est une réponse à l'interrogation eschatologique, à la question de la fin des temps et du monde. Non pas pour nous en désintéresser mais au contraire pour donner une importance primordiale à l'expérience que nous pouvons avoir du ici et du maintenant, au nom même des processus qui les mènent vers leur accomplissement.

Car Teilhard de Chardin exhorte les chrétiens à affronter le réel et même à s'y immerger. Dans son *Journal* à la date du 17 mai 1918, alors que la Grande Guerre s'éternise, il écrit : « C'est sans doute une conception chrétienne bien imparfaite que celle qui se donne comme idéal de "*traverser la vie*", en *restant* pure. Comme si la vie était une chose mauvaise et dangereuse, et non le chemin de l'être. L'idéal chrétien est sans doute de *se mêler profondément à la vie*, pour la *purifier*, et s'y purifier. La vie n'est pas de la boue, mais de l'or à raffiner[15]... »

Sans doute faut-il avoir une foi en la vie, une foi en l'humain, une foi en Dieu, bien chevillées au corps pour vivre cet idéal. Mais sans doute aussi est-ce là le cœur même de la foi.

4

La foi, entre le Royaume et les ténèbres

« L'homme sait enfin qu'il est seul dans l'immensité indifférente de l'Univers d'où il a émergé par hasard. Non plus que son destin, son devoir n'est écrit nulle part. À lui de choisir entre le Royaume et les ténèbres[1]. » Combien de fois ai-je déjà cité les dernières phrases du livre *Le Hasard et la Nécessité*, publié par Jacques Monod en 1970 ? Je le ferai pourtant une fois encore, honorant ainsi ma dette envers cette conclusion un peu théâtrale du biologiste français dont la lecture, il y a une trentaine d'années, a convaincu l'étudiant en théologie que j'étais alors à m'engager sur le terrain des relations entre sciences et religions.

Dans cet ouvrage, Jacques Monod élabore ce qu'il appelle sa « philosophie naturelle » à partir des recherches biologiques dont il est alors l'un des principaux ténors ; il a reçu le prix Nobel de médecine cinq ans plus tôt. La solitude des humains au sein de l'univers, l'indifférence de ce dernier à l'odyssée humaine, le caractère aléatoire des processus évolutifs qui ont permis l'émergence puis l'expansion des êtres vivants sur Terre : cet « état des lieux » de notre humanité ne doit rien à l'imagination du biologiste ; au contraire, il résume aussi succinctement que possible les connaissances scientifiques de la fin du XXe siècle… que le XXIe siècle n'a pas (encore) démenties. Et, pour enfoncer le clou, il désigne deux des principales détresses dont souffrent les êtres humains : la tristesse de la solitude et le désespoir de l'absurde. Avant de conclure son ouvrage par une phrase somme toute énigmatique, une invitation à « choisir entre le Royaume et les ténèbres ». Une étrange formule pour un homme de grande culture dont un ancêtre était un pasteur réformé…

Toujours soucieux de rendre à César ce qui lui revient, je ne chercherai pas à deviner ce qu'une telle formule pourrait dissimuler de l'âme de Monod ; je la ferai simplement mienne pour y voir non seulement une réponse à l'absurdité de notre condition, mais aussi une invitation à aborder franchement la question de la foi.

La foi, une transgression magnifique

Il ne faut pas attendre des travaux scientifiques et de ceux qui les conduisent plus qu'ils ne peuvent apporter : la science n'est jamais que la science des communs. Prenons le cas des états modifiés de conscience, auxquels appartiennent les expériences de méditation, de contemplation ou d'oraison : ils relèvent bel et bien des communs. Brancher une moniale à un encéphalogramme, faire passer un lama au scanner, enregistrer les traces et les tracés de leurs pratiques religieuses, voire de leur union à la divinité, sont autant de manières scientifiques qui peuvent surprendre et même paraître incongrues pour explorer le monde des religions. Pourtant, la science accomplit ainsi son devoir (avec, bien entendu, le consentement de ses sujets d'expérience) : elle tente d'approcher au plus près le réel, en l'occurrence le vécu, le ressenti, l'éprouvé humain, jusque dans l'intimité de son esprit. Et le fait même que de telles observations puissent être menées, de telles données récoltées et analysées confirme le caractère commun et naturel de ces expériences.

Mais la science ne peut qu'approcher le réel. Il en est de son projet en général comme de l'asymptote, du moins pour m'en tenir à la manière dont Victor

Hugo a interprété et utilisé cette figure mathématique pour comparer l'art et la science. « La science, écrit-il, est l'asymptote de la vérité. Elle approche sans cesse et ne touche jamais[2]. » Je sais que cette définition de l'asymptote est aujourd'hui discutée par les mathématiciens ; je sais aussi que cette vision hugolienne de la science n'est pas acceptée par tous : comment oser prétendre qu'une part de la réalité puisse parvenir à échapper à l'intelligence et aux efforts des scientifiques ? Ne sommes-nous pas les récipiendaires et les témoins des incroyables progrès scientifiques et techniques réalisés au cours des trois précédents siècles et, surtout, des dernières décennies ? Alors, entendons-nous souvent, il suffit seulement d'accorder aux chercheurs le temps et les moyens nécessaires pour mener à terme leurs travaux, de l'infiniment petit à l'infiniment grand... À ces propos optimistes, il ne sert à rien d'opposer l'eugénisme du début du XXe siècle porté jusqu'à l'extermination massive de populations, les deux bombardements atomiques d'Hiroshima et de Nagasaki ou encore la pollution accélérée de notre planète... Les sciences, les techniques, argumentent leurs défenseurs, ont réalisé des « miracles » si « incroyables » que leurs « fidèles » leur pardonnent volontiers leurs erreurs, leurs échecs pour leur accorder toute leur confiance, toute leur « foi » : elles finiront par « toucher la vérité ».

J'entends et je comprends ces propos, cette défense des pouvoirs apparemment illimités des sciences. Néanmoins, j'en suis convaincu, Hugo a raison : les sciences, celles que notre espèce a développées depuis son émergence à la surface de cette planète, celles qu'elle développera encore dans les temps à venir, ces sciences ne peuvent qu'approcher la réalité, qui plus est la vérité, sans parvenir à les toucher. Jamais. La raison principale est simple : ces sciences appartiennent comme nous-mêmes à cette réalité qu'elles s'évertuent à décrire, à comprendre, à expliquer, à prévoir. Certes, le scientifique peut « voir le monde dans un grain de sable, et le paradis dans une fleur sauvage » ; mais il ne peut que rêver « tenir l'infini dans la paume de la main, et l'éternité dans une heure », selon les vers de William Blake, car le chercheur lui-même appartient à cet infini et à cette éternité. Prétendre le contraire, c'est courir le risque de transformer la méthode scientifique en une croyance, en une religion ; c'est pénétrer dans un domaine qui n'est plus celui du savoir mais celui du croire, qui n'est plus celui des communs mais celui des miracles.

Les miracles n'ont pas bonne presse auprès des scientifiques. Non parce qu'ils paraissent ou prétendent contredire les lois de la nature que des générations de chercheurs, armés des théories les plus audacieuses et des instruments les plus performants de leur temps, ont entrepris d'expliquer, mais parce que les miracles ne peuvent *a priori* pas faire l'objet d'un authentique travail scientifique. En effet, par nature ou par définition, un miracle est unique, singulier, extraordinaire, hors du commun alors que, dans sa philosophie et sa pratique contemporaines, la science exige de pouvoir répéter les observations, les expériences et les analyses dont elle se nourrit afin de vérifier leur consistance, leur cohérence, leur exactitude. C'est pour de telles raisons que, d'une part, Jésus n'a pas répété trop souvent les multiplications des pains, ayant déjà eu bien des difficultés à expliquer la signification religieuse, à faire admettre la valeur théologique de son geste, et que, d'autre part, les biologistes cherchent des traces de vie, présentes ou passées, ailleurs que sur Terre afin de confirmer ou d'infirmer leurs théories sur l'origine et l'évolution des êtres vivants. Selon cette logique, notre univers pose un problème quasi insoluble aussi bien aux scientifiques qu'aux philosophes : lui aussi est unique par définition et selon sa propre étymologie ; il est « sans commune mesure » avec un autre univers, puisque, dans ce cas, ces deux univers n'en feraient qu'un…

À ces raisons de méthode, il faut ajouter une autre caractéristique qui rend délicate l'étude des miracles par les sciences : il s'agit bien entendu de l'origine surnaturelle et de l'interprétation religieuse qui leur sont *de facto* associées. Or, il ne peut pas être question, pour les scientifiques, de faire appel à une entité extérieure à la réalité qui leur est accessible, autrement dit un *deus ex machina*, pour expliquer ce qui demeure inexplicable, à première vue et « dans l'état actuel de nos connaissances ». Je le répète, la science est par principe et par méthode celle des communs et non celle des miracles.

En réalité, le milieu religieux n'est pas nécessairement plus à l'aise avec les miracles... et les miraculés. « Il y a six jours pour travailler ; venez donc vous faire guérir ces jours-là, et non pas le jour du sabbat[3]. » L'intervention du chef de synagogue qui s'inquiète puis s'insurge de voir Jésus procéder à une guérison miraculeuse dans son établissement le jour du sabbat et troubler ainsi le bon déroulement du culte ne suggère pas seulement, avec la touche d'humour à laquelle les Évangiles recourent parfois, l'activité habituelle des thaumaturges dans la Palestine de cette époque ; elle illustre aussi le défi que constitue la gestion de l'extraordinaire pour des autorités religieuses. « Allez à Lourdes pour vous faire guérir ! » serait sans doute le mot d'ordre de ceux qui ont charge d'âmes, de paroisses et d'églises si un guérisseur trop zélé ou trop habile faisait son apparition au milieu de leurs fidèles, sauf à pouvoir le récupérer et l'enfermer dans le labyrinthe des rituels et des sanctuaires. Pourtant, j'en suis persuadé, le miracle appartient à l'essence des religions.

Je n'ai personnellement guère de goût pour les manifestations bruyantes qui entourent les phénomènes miraculeux, pas plus que pour l'usage qui peut en être fait. Le tapage médiatique, la récupération par les pro- et les anti-, le « comptage » opéré par les autorités catholiques et romaines afin d'attribuer le niveau convenable de canonisation du serviteur ou de la servante de Dieu auquel les miracles opérés en son nom permettent de prétendre, sans parler du commerce associé de « bondieuseries » : il est aisé de comprendre pourquoi Jésus, pourtant grand faiseur de miracles, tentait, vainement il est vrai, d'obtenir sinon le silence, du moins la discrétion de la part de ceux et celles qu'il guérissait.

Ce qui peut ressembler à une opération de dénigrement de ma part relèverait plutôt d'une forme de démocratisation. Les miracles dont il est question dans les récits évangéliques, ceux qui égaient impérativement les vies de saints personnages, ceux qui attirent les foules à Lourdes ou à Fatima ne constituent à mes yeux que des épiphénomènes, des événements dont le caractère extraordinaire peut fragiliser leur intérêt pour fonder une quête spirituelle et nourrir une vie de foi. Ces miracles risquent surtout de véhiculer un soupçon de favoritisme ou, *a contrario*, d'exclusion, alors même que le miracle est la manière de faire de Dieu à l'égard de toutes ses créatures. Je m'explique.

Prenons l'exemple des miracles à Lourdes. La reconnaissance de son caractère exceptionnel et inexplicable (je le répète, « dans l'état actuel des connaissances ») ne suffit pas à déclarer une guérison miraculeuse ; celle-ci doit être non seulement reconnue par le ou la bénéficiaire (c'est la moindre des choses, me fera-t-on remarquer), mais aussi accompagnée d'une confession de foi, voire d'une conversion de sa part. Pour le dire autrement, la guérison du corps ne suffit pas pour valider un miracle ; elle doit s'accompagner d'un « mouvement » de l'âme. C'est là un jeu subtil mais indispensable. Devant la civière d'un paralytique, Jésus demande à ses interlocuteurs sceptiques, voire agressifs, s'il est plus simple de pardonner les péchés ou de guérir une infirmité... et il guérit l'homme de son handicap, sans nul doute par compassion pour l'infirme et par reconnaissance pour ses amis qui l'ont porté jusqu'à lui, mais aussi pour clouer le bec à ses détracteurs. En revanche, lorsqu'un aveugle lui demande de lui faire recouvrer la vue, Jésus conditionne clairement son action de thaumaturge à la confiance, à la foi que l'infirme accepte de lui témoigner. Qu'il s'agisse de celle du paralytique et de ses porteurs ou de celle de l'aveugle, c'est la foi qui confère à ces deux guérisons leur caractère miraculeux : sans elle, je le répète, il s'agirait seulement d'événements inexpliqués ; avec elle, il s'agit réellement d'une conversion et même, ajouterai-je, d'une transgression. La foi est une transgression magnifique.

En fin de compte, il importe peu qu'une guérison ait mis en défaut le savoir des médecins, contredit leur diagnostic. Que les scientifiques fassent leur travail : qu'ils cherchent à expliquer du plus et du mieux possible les phénomènes qui nous paraissent les plus extraordinaires ; qu'ils découvrent les erreurs que nous pouvons tous commettre involontairement, les faux-semblants dont nous pouvons être les victimes et même les manipulations et les falsifications qui permettent à des escrocs d'augmenter leur pouvoir ou leur avoir. Tant pis si, en cours de route, les traditions et les coutumes religieuses perdent quelques récits édifiants et quelques miracles bienvenus. Acceptons que les miracles subissent l'épreuve de la vérité scientifique. Étonnons-nous qu'il reste de l'inexpliqué sous l'œil des télescopes, des microscopes et des stéthoscopes, au fond des éprouvettes et des collisionneurs, au regard des théories les plus sophistiquées ; recueillons l'éventuel constat d'ignorance de la part de nos prix Nobel. Émerveillons-nous en écoutant les astrophysiciens décrire l'ajustement fin des constantes de notre univers, les biologistes dérouler les étapes connues de l'émergence de la vie sur Terre, les paléontologues raconter la présence de plusieurs espèces humaines dans les archives de notre planète. Mais ne crions pas au miracle à la moindre apparente transgression de ce que nous appelons les « lois de la nature ». N'oublions pas l'asymptote de Victor Hugo : la science tente d'approcher la vérité, mais elle ne parvient même pas à l'effleurer. Dès lors, comment pourrions-nous prétendre qu'un phénomène transgresse les lois élaborées par une science incomplète ? Disant cela, je ne cherche pas à dénigrer les méthodes ni les travaux scientifiques, mais bien plutôt à les protéger.

Une fois prises ces précautions et posées ces limites, le croyant peut joindre sa voix et sa foi à celles du psalmiste : « Je reconnais devant toi le prodige, l'être étonnant que je suis : étonnantes sont tes œuvres, toute mon âme le sait[4]. » Il peut reprendre le *Cantique des créatures* de François d'Assise, confesser la présence du Créateur dans le plus modeste élément de la nature, dans le plus anodin événement du monde. Il peut déclarer miraculeuse la Création elle-même. Si, à strictement parler, le miracle ne peut pas conduire à la foi, au *credo*, seul le croyant peut déclarer miraculeux un événement, si ordinaire ou extraordinaire soit-il. Et c'est pour cette raison que la foi est nécessairement, impérativement transgressive.

Je repense à l'agacement du chef de la synagogue où Jésus pratique une guérison le jour du sabbat. Probablement est-il ennuyé de voir enfreinte une règle sacro-sainte du sabbat, celle du repos, du moins dans l'interprétation rigoriste qu'il en fait et que Jésus n'hésite pas à mettre en question. Non seulement se juge-t-il responsable de la bonne conduite, de la bonne pratique de ses « paroissiens », mais aussi peut-il craindre pour son autorité. De même, les compagnons de Moïse se sont inquiétés de rencontrer, au milieu du peuple des Hébreux, des hommes tenant des discours prophétiques : Moïse allait-il rencontrer la contradiction ? À qui reviendraient l'autorité et le droit d'interpréter les dix Tables de la Loi ? Je ne doute pas un instant que la transgression, qu'elle s'accompagne ou non de miracles apparents, puisse faire peur aux religions plus encore qu'aux sciences ; sans elle, toutefois, nos églises et nos temples, nos synagogues et nos mosquées ne risquent-elles pas de perdre leur âme ?

Car la foi ne peut pas se contenter d'une approche asymptotique, pareille à celle que Victor Hugo prête à la science : elle doit impérativement couper l'axe, traverser les incertitudes aussi bien que les évidences, sans attendre la fin des temps ou l'éternité. À peine la question : « Crois-tu cela ? » est-elle posée au fidèle que déjà il lui est dit, parfois intimé : « Avance ! », comme Pierre se l'entend dire par son maître qui marchait sur les eaux, en plein milieu du lac de Tibériade déchaîné. Sans le moindre secours des assurances du savoir, ni de l'imposante infaillibilité des dogmes religieux. Si tel n'était pas le cas, comment oserions-nous parler de foi ? Une croyance qui, jour après jour, s'exprime dans une pratique, une ascèse, des œuvres pies et charitables, est certes admirable ; mais elle n'est pas nécessairement transgression. La foi, je le répète, est par-delà, au-delà, *plus ultra* comme le répète Pierre Teilhard de Chardin, un homme de foi s'il en est.

Je trouve plaisante l'image de l'ascension à laquelle a recours l'astrophysicien Robert Jastrow pour décrire sa propre vision des relations entre les sciences et les religions : « Pour le scientifique qui a vécu grâce à sa foi dans le pouvoir de la raison, écrit-il dans *Dieu et les astronomes*, l'histoire se termine comme un mauvais rêve. Il a escaladé les montagnes de l'ignorance ; il est en train de conquérir le pic le plus élevé ; lorsqu'il se hisse sur la dernière cime, il est salué par une bande de théologiens qui y étaient assis depuis des siècles[5]. » Oui, l'image est plaisante, mais, pour être exacte, doit inclure, au sein de cette « bande de théologiens », les représentants du domaine des philosophies, en particulier orientales ;

j'ai suffisamment souligné le retard, dans cette course vers le sommet, de la pensée religieuse occidentale lorsqu'il s'agit d'intégrer les dimensions accordées à l'univers par Jastrow et ses confrères. Quoi qu'il en soit, l'image est d'autant plus plaisante qu'il est aisé de lui associer la démarche spirituelle qui, au-delà du savoir et du croire, j'entends des sciences et des théologies, tente de rejoindre des sommets plus élevés encore, ceux de l'union avec la divinité. Il n'est plus question alors des travaux de paillasse ou des pratiques religieuses courantes, mais des rudes sentiers de la mystique qui conduisent à l'Illumination, à l'Extase, au *fath* des soufis, au *satori* des bouddhistes, bref à la foi la plus dépouillée… ou à la folie ! Ultime transgression qui échappe à tous les pouvoirs, à tous les savoirs, à toutes les croyances, puisque l'humain et le divin se rejoignent.

Credo quia absurdum

Revenons au propos de Jacques Monod.

Albert Camus, qui a fait de l'absurde le fil conducteur de plusieurs de ses livres, du *Mythe de Sisyphe* à *La Peste*, écrit dans le premier que « l'absurde naît de cette confrontation entre l'appel humain et le silence déraisonnable du monde[6] ». C'est là une manière singulière mais non dénuée d'efficacité de traduire le terme latin *absurdus* qui signifie dissonance. L'absurdité ne réside pas plus du côté de l'être humain que de celui de la réalité, mais seulement dans leur face-à-face, dans son apparente dissonance, dans sa criante irrationalité. Quelle raison solide donner *a priori* à l'existence humaine, immergée au sein d'une réalité indifférente et dans le cours imperturbable du temps pour s'achever, de toute manière, dans la mort ? Et pourtant, après avoir rappelé le sort de Sisyphe, symbole du caractère tragique et machinal d'une existence sans but, Camus clame qu'« il faut imaginer Sisyphe heureux ». Cette conclusion a quelque chose de terrifiant : ne décrit-elle pas la situation qui peut aisément devenir la nôtre si nous n'y prêtons pas attention ? Nos sociétés ne nous offrent-elles pas tous les ingrédients nécessaires pour transformer nos existences quotidiennes à l'image de celle de Sisyphe : la répétition de tâches, d'occupations ou même de loisirs qui se révèlent vite obsolescents, bons à être répétés ou remplacés, jour après jour ; une existence où le chemin parcouru, la pente gravie apparaissent plus importants que le sommet puisque, une fois celui-ci atteint, nous sommes contraints de le quitter, de rebrousser chemin et de recommencer le même parcours ; enfin, la possibilité d'un bonheur qui se réduit à cette répétition et y trouve une forme d'assurance ? Pourquoi les images du tapis de course, de la roue du hamster me viennent-elles spontanément à l'esprit ?

Évidemment, il est aisé de poser la transcendance comme la solution à la perte de but, à l'absence de sens dont peuvent souffrir nos existences, individuelles et collectives : pourquoi ne pas regarder plus haut encore, au-delà du sommet répétitivement atteint, pour oublier notre condition ou pour l'aimer ? Là ne sont pourtant ni la question, ni la solution. La transcendance n'est pas un mode d'évasion qui ferait disparaître comme par enchantement la pierre à porter ou à rouler dont nous héritons en même temps que la vie ; si c'était le cas, nous aurions tôt fait de nous retrouver derrière une nouvelle pierre que nos congénères ou nous-mêmes n'aurions pas tardé à remettre sur notre route. C'est le drame, l'erreur ou la faute des religions qui, comme le dénonce le Christ, ont trop tendance à charger les gens de fardeaux impossibles à soulever, alors que leurs clercs n'y posent même pas un seul doigt[7]. Rappelons-nous la page du *Journal* de Teilhard de Chardin qui nous invite à nous mêler effectivement, profondément à la vie. En appeler à la transcendance, disais-je donc, ne peut pas être un mode d'évasion, mais au contraire une incitation à prendre très au sérieux l'existence qui est essentiellement, fondamentalement la nôtre, à en sonder les perspectives les plus larges, les plus ouvertes, les plus évidentes comme les aspects les plus surprenants, les plus bouleversants, les plus rebutants, les plus absurdes. Bien plus, comment oserions-nous baptiser du nom de transcendance une entité, une expérience, qui n'ait pas heurté la dureté de nos existences, qui ne se soit pas mesurée à l'absurdité de la condition humaine ?

C'est bien dans cette perspective, j'en suis convaincu, que peut être introduite ici une formule de la tradition chrétienne qui a fait couler beaucoup d'encre et échauffé bien des esprits : *Credo quia absurdum* ; littéralement : « Je crois parce que c'est absurde. » À première vue, de quoi plaire aux sceptiques et gêner les croyants.

L'origine de cette expression est connue. Attribuée à Tertullien, un théologien chrétien d'origine berbère qui a vécu entre la fin du IIe siècle et le début du IIIe siècle, elle ne se retrouve pas telle quelle dans son œuvre, mais sous une forme un peu différente :

« *Crucifixus est Dei filius ; non pudet quia pudendum est. Et mortuus est Dei filius ; et credibile est quia ineptum est. Et sepultus resurrexit : certum est qui impossibile.* »

Autrement dit : « Le Fils de Dieu a été crucifié : je n'en rougis pas, parce que c'est à en rougir. Le Fils de Dieu est mort : il faut le croire, parce que cela révolte ma raison. Enseveli, il est ressuscité : c'est certain, parce que c'est impossible. »

Le *De carne Christi liber*, ou *De la chair du Christ*, l'ouvrage d'où est issu cet extrait, a été écrit au début du IIIe siècle. Il relève de la joute théologique : Tertullien s'en prend à Marcion de Sinope et à sa doctrine selon laquelle, pour défendre la nature divine du Christ, il convient d'écarter, de nier tous les caractères humains de son existence sur Terre, en particulier sa naissance, jugée encore plus dégoûtante que déraisonnable. Pour le dire d'un trait : Marcion confesse Pâques, mais renie Noël. Afin de prendre le contre-pied de Marcion, Tertullien recourt à une argumentation philosophique et retourne contre son adversaire ses propres armes : il en démonte les contradictions, les incohérences auxquelles conduit le soi-disant rationalisme de Marcion. Refuser l'idée qu'un être divin puisse véritablement s'incarner, s'interroge Tertullien, n'est-ce pas faire du Christ un fantôme, un esprit qui serait tombé du ciel pour prendre une apparence d'homme adulte tout en échappant à la condition humaine commune trop chargée de chair, de sang, d'humeurs et, en particulier, à l'expérience des entrailles d'une mère, des langes d'un nourrisson, de tout ce décorum de Noël qui sied si peu à un être divin, du moins aux yeux de Marcion et de ses raisonnables disciples ? Ils réduisent le message évangélique à un enseignement de bon sens, de douceur (aimer son prochain, avoir le cœur pur, rendre un culte au vrai Dieu) ; ils « nettoient » l'image du Christ des aspects les plus dégoûtants, les plus révoltants que comportent les récits évangéliques, et recourent pour ce faire à des subterfuges mythologiques, à des faux-semblants rassurants. Bref, au nom de la raison, Marcion dépouille purement et simplement la foi chrétienne de l'essentiel de son contenu.

C'est là que Tertullien porte l'estocade à la forme de gnose défendue par son adversaire : Dieu « aimait donc, avec l'homme, sa naissance aussi, et sa chair, car il n'aurait rien aimé s'il n'avait aimé ce par quoi l'homme est ce qu'il est. Retire la naissance : où est l'homme ? Enlève la chair, et montre-moi l'homme que Dieu a racheté. »

Tertullien connaît ses classiques ; il a en tête le mot de l'apôtre Paul aux fidèles de Corinthe : « Le langage de la croix est folie pour ceux qui vont vers leur perte, mais pour ceux qui vont vers leur salut, pour nous, il est puissance de Dieu » ; car « la folie de Dieu est plus sage que l'homme[8] ». Et Tertullien prend la suite de l'apôtre pour défendre l'apparente absurdité de la foi chrétienne qui se montre en fin de compte plus rationnelle que la *sapientia saecularis*, que cette sagesse profane, mondaine, telle que l'enseigne Marcion. Tertullien ne choisit donc pas, dans les Écritures et la foi transmise par les premières générations de chrétiens, les seuls éléments qui flattent le bon sens et confortent la sagesse mondaine. Il prend le message évangélique à pleines mains, dans son intégralité, dans sa radicalité ; il revendique cette folie qui, pour être celle de la Croix, est aussi celle de la Crèche, même si, aux yeux des sages, des savants, ce message peut paraître impossible et révoltant, dissonant et absurde.

Jamais Paul ni Tertullien n'ont fait l'éloge de la folie ou l'apologie de l'absurdité : ni l'une ni l'autre ne sont nécessaires à la foi ; elles en sont seulement d'inévitables conditions. Car il est toujours tentant, à l'image de la tentative de Marcion, de chercher à arrondir les angles trop durs d'un dogme comme celui de l'Incarnation, de se transformer en troubadour ou en poète, à l'instar de François d'Assise, pour inventer la première de toutes les crèches de l'histoire, pour offrir l'image émouvante, rassurante, d'un nourrisson blotti contre sa jeune maman, sous le regard attendri de bergers et au son de cantiques enfantins. Mais François, à la différence de Marcion, ne renie rien de la personne du Christ révélée par les Évangiles : il vénère l'enfant de Bethléem pour mieux adorer le Crucifié et affirmer sa foi en la Résurrection. Le linge dans lequel est emmailloté le nourrisson est le même, dans l'iconographie chrétienne, que celui qui ceint les reins du crucifié du Golgotha. Un autre linge a été et est encore l'objet de débats et de controverses depuis la fin du XIXe siècle, au point de polluer les rapports entre les sciences et le catholicisme, je veux parler du linceul de Turin.

Je me souviens d'une lointaine émission télévisée au cours de laquelle plusieurs experts avaient été conviés à parler de cette singulière relique dont une impressionnante reproduction ornait le plateau. Un chirurgien avait décrit, avec la rigueur un peu glacée du spécialiste, les singulières taches révélées par les techniques modernes de la photographie ; il en avait rappelé les possibles interprétations : des plaies autour de la tête et au côté, des traces des clous et des coups de fouet. Il n'avait rien laissé deviner de ses convictions jusqu'au moment où, encouragé par le journaliste, il avait conclu : « C'est le vrai ! » Je m'étais pour ma part contenté de rappeler que ce linceul fait, depuis le Moyen Âge, l'objet d'une pieuse vénération populaire et constitue une invitation particulière à méditer l'un des dogmes centraux du christianisme. Est-il en effet possible et raisonnable d'en dire davantage, de mêler, comme le fit ce chirurgien, analyse scientifique et confession de foi ? Pour la même raison, je suis très surpris d'entendre d'autres experts nous expliquer que les atomes de cette relique ont été modifiés par la fulgurance de la résurrection. Qu'imaginent-ils donc ? Une sorte de *big bang* miniature qui perturberait l'horloge interne de la matière même du linceul, lui ferait subir une cure de rajeunissement afin de passer du début de notre ère au XIVe siècle, époque où apparaissent les premières preuves indiscutables de l'existence du linceul conservé à Turin ? Pourquoi pas, ai-je envie de dire, même si je suis incapable de juger de la possibilité d'un tel « miracle atomique ». Mais cette argumentation en faveur de l'authenticité de la relique montre une évidente faiblesse théologique : elle réduit la résurrection à un événement historique qui serait quasiment, voire effectivement, observable, mesurable et même quantifiable. Et, surtout, je soupçonne une telle argumentation de chercher à apporter une preuve imposante et définitive de l'événement pascal, une preuve qui en atténuerait le caractère fou, absurde parce que dissonant avec tout ce que nous savons de la vie et de la mort d'un être humain.

Effectivement, la résurrection du Christ constitue un véritable *big bang* pour les croyants : elle constitue le commencement d'un nouveau monde, d'un nouveau temps, ceux auxquels nous appartenons désormais. Toutefois, à la différence de ce que nous pouvons connaître ou ignorer de notre univers physique, nous avons une idée de ce qui s'est passé avant le matin de Pâques et dans les jours qui ont immédiatement suivi. Et le linceul de Turin, si extraordinaire et émouvant soit-il, ne témoigne peut-être pas de la folie de l'événement pascal avec la même profondeur théologique que celle offerte non par des reliques mais par des œuvres artistiques.

Je pense ainsi à une peinture réalisée par Hans Holbein en 1520 : *Le Corps du Christ mort dans la tombe*. Le tableau, de grandeur nature, relève d'un réalisme cru, très certainement sous l'influence du *Retable* de Matthias Grünewald conservé à Issenheim. Le corps du Christ, figuré en trompe-l'œil, est allongé sur un drap, totalement dénudé, couvert d'un seul linge autour de la taille. Dans ses *Mémoires d'une vie*, Anna Dostoïevskaïa décrit cette peinture en même temps que l'émotion de son mari, lors de leur visite au musée de Bâle : « Ce tableau est l'œuvre de Hans Holbein, il représente un Christ ayant subi des souffrances inhumaines, qu'on a descendu de la croix et dont le corps est offert à la décomposition. Son visage boursouflé est couvert de plaies sanglantes et son apparence est horrible. Ce tableau a produit sur Fiodor une impression écrasante, et il s'est arrêté devant, comme frappé par la foudre. Quant à moi, je n'avais pas la force de le regarder : il me faisait trop mal, surtout que ma santé n'était pas très bonne. Je suis allée voir les autres salles. Quand je suis revenue quinze minutes ou vingt minutes plus tard, Fiodor était toujours planté devant le tableau, comme enchaîné. » Dans *L'Idiot*, Dostoïevski confie au prince Mychkine le soin d'exprimer son propre sentiment face au Christ mort : « Mais ce tableau peut faire perdre la foi à n'importe qui ! »

Nous sommes loin, à lire ce dernier commentaire, des fantômes conjecturaux de C. S. Lewis, mais bien en présence d'une confrontation avec l'absurdité de la condition humaine, de la souffrance, de la mort. Faut-il dès lors, à l'instar de nombreux commentateurs, voir dans l'œuvre de Holbein celle d'un athée accompli ou bien relever, avec la précision du chirurgien précédemment convoqué, les traces de décomposition qui marquent ce cadavre et tenir cette peinture pour une représentation des derniers instants de la présence de Jésus au tombeau avant la résurrection et, par ce parcours singulier, considérer ce tableau comme une invitation à entrer dans le vertigineux mystère de Pâques ? Pour le dire autrement : sommes-nous confrontés à un spectacle plus dégoûtant encore que celui d'un nouveau-né pour pénétrer ainsi dans l'épaisseur même de la foi en la résurrection ? Il est vrai que la tradition chrétienne ne s'est guère attardée sur ces trois jours durant lesquels a débuté la décomposition du corps d'un homme mort dans d'atroces conditions ; elle a plus volontiers médité et représenté la mise au tombeau, la douleur d'une mère, d'une femme aimante et de quelques rares disciples ou encore l'éblouissante lumière du matin de Pâques, en oubliant la vision du corps crucifié, mutilé, reposant dans l'obscurité d'un tombeau. Or, plus encore que la relique de Turin scrupuleusement examinée par les scientifiques du XXe siècle pour en déterminer la date et la « composition », ce sont des artistes comme Holbein ou Dostoïevski qui font prendre conscience de la folie du message chrétien.

Je m'interroge : sommes-nous prêts à affronter cette humanité de Dieu ? En lisant les Évangiles, nous savons qu'elle avait déjà effrayé ses contemporains, même parmi ses admirateurs. Ils avaient été nombreux à rebrousser chemin, choqués par les paroles de ce rabbi qui, d'un côté, accomplissait des miracles, possédait des pouvoirs de thaumaturge, ressuscitait les morts, s'élevait contre le pouvoir exorbitant des pharisiens, prétendait être le Fils de Dieu, mais, d'un autre côté, refusait toute violence, toute forme d'autorité et finissait par se laisser conduire au supplice sans demander de l'aide aux armées angéliques. Oui, l'Incarnation, de la crèche de Noël au tombeau du Golgotha, constitue une marque trop violente de la transcendance, de la différence entre l'humain et le divin pour être aisément acceptable et acceptée. L'Incarnation est la folle manière choisie par Dieu pour répondre à l'absurdité de la condition humaine.

Mais rares ont été les témoins de ces événements, pour reprendre le mot et évoquer le trouble des disciples qui rentrent à Emmaüs, le soir de Pâques. Presque aussi rares sont les chrétiens à avoir éprouvé la violence des sentiments qui ont ébranlé les contemporains de Jésus : l'enthousiasme et le dépit, la confiance et le désarroi, l'exaltation et la crainte, l'évidence et le doute. Car, depuis longtemps déjà, les chrétiens ont été et sont d'emblée les enfants du matin de Pâques ou, plus exactement, les enfants du jour de la Pentecôte. Si nous mettons de côté son caractère critique et provocateur, le célèbre mot d'Alfred Loisy est parfaitement exact : « Jésus annonçait le Royaume, et c'est l'Église qui est venue[9]. » Dès le début de la prédication apostolique et même si Pierre et ses compagnons se présentent comme les témoins de la vie terrestre du Ressuscité, c'est l'Église qui a pris le pas sur Jésus, sur Dieu fait homme ; c'est l'Église qui se présente comme le Corps du Christ. Dans toute autre tradition religieuse, une telle affirmation relèverait du blasphème ; mais pour le christianisme, qui confesse l'incarnation de Dieu, elle en constitue une sorte de suite, de conséquence logique. Avec tous les risques, toutes les dérives, tous les scandales que nous connaissons et regrettons ; déjà Blaise Pascal devait rappeler que « l'homme n'est ni ange, ni bête, et le malheur veut que qui veut faire l'ange fait la bête ». Ce que nous enseigne l'histoire de notre espèce peut nous désabuser et même nous effrayer ; ce que nous en apprennent les sciences peut nous troubler. Autant de raisons, j'en suis convaincu, pour méditer sur le mystère de l'Incarnation, de la Passion et de la Résurrection, tel que je l'ai abordé ici : en tentant de prendre la mesure de ce que j'ai qualifié d'« épaisseur », dans la vie de Jésus comme dans les nôtres, en évitant les pièges que sont le dolorisme, l'angélisme, le sensationnalisme. Un peu de la rigueur scientifique peut nous y aider, afin de parvenir au seuil de la foi, mais au seuil seulement. Il reste à chacun d'accomplir ou non le pas suivant.

Le dos de Dieu

Rappelons-nous le mot de Raymond Ruyer à propos des savants qui, parce qu'ils parviennent à penser l'univers, donnent l'impression de taquiner Dieu, de jouer avec Dieu, de jouer à être Dieu ; l'un d'entre eux, Albert Einstein, ne l'appelle-t-il pas familièrement « le Vieux » ? Il nous met néanmoins en garde : « Quiconque prétend s'ériger en juge de la vérité et du savoir s'expose à périr sous les éclats de rire des dieux puisque nous ignorons comment sont réellement les choses et que nous n'en connaissons que la représentation que nous en faisons. » Et, effectivement, que nous usions à notre tour de l'image hugolienne de l'asymptote ou que nous rappelions ce chiffre époustouflant selon lequel 95 % de l'univers échapperait encore aux observations et aux théories scientifiques (les physiciens ont baptisé matière et énergie noires cette part d'inconnu), nous devons admettre que les sciences contemporaines ont encore du chemin à faire avant de prétendre effleurer, même de loin, le réel. La « docte ignorance », selon la belle expression forgée par Nicolas de Cues au XVe siècle, est le lot des scientifiques... en même temps que leur raison d'être.

Pareille mise en garde peut être formulée à l'égard des religions. Une fois répertorié le riche patrimoine des expériences, des pratiques, des traditions, des morales, des cultures et des arts que nous rassemblons sous le vocable de religions, une fois analysé le sentiment religieux, avec ses canaux neurologiques, ses stimulateurs et ses adjuvants, une fois géré l'ordinaire et l'extraordinaire, le banal et le miraculeux, séparé le bon grain de l'ivraie, que pouvons-nous prétendre connaître de la Vérité, j'entends de Dieu lui-même ? Retenons la leçon d'Einstein : ne provoquons pas « le rire des dieux », gardons-nous de réduire la vérité et le savoir, le réel et le divin, à ce que les ténors de la paillasse et les experts du sanctuaire prétendent nous en dire, nous en faire connaître. Prenons aussi garde de ne pas enfermer Dieu dans les labyrinthes des dogmes et des rites ; le danger, je l'ai déjà indiqué, serait de nous contenter du chemin et de nous arrêter en cours de route. « Le sage montre la lune, le fou regarde le doigt » : attribué à tort ou à raison à la tradition proverbiale chinoise, le mot n'est pas faux. La complexité des sciences, de leurs langages et de leurs instruments en impose autant que les manifestations apparemment miraculeuses (et, pour certaines, effectivement inexpliquées) ou les cérémonies religieuses aussi grandioses que parfois surannées. L'autorité est rassurante. Pourquoi questionner davantage ? Pourquoi douter encore ? « Dormez, braves gens ! Nous savons, nous croyons à votre place, puisque nous en possédons les pouvoirs ou, pour le moins, leurs attributs. » Nous préférons nous en tenir au doigt du savant qui trace d'élégantes équations, nous arrêter au doigt du prophète qui accomplit des signes… plutôt que de lever les yeux au ciel, de franchir en pensée le vide, la nuit qui nous séparent de la Lune pour tenter de l'atteindre effectivement. Nous nous contentons des promesses mirifiques d'un avenir augmenté qui mêlent prouesses technologiques et ambiances *new age* ; nous nous arrêtons aux affirmations péremptoires et simplistes des fondamentalistes religieux qui, contrairement à l'enseignement évangélique, ne cherchent pas à tirer du neuf du trésor de la tradition[10]. Or, nous répètent les mystiques de toutes les religions, de toutes les cultures, de tous les temps, c'est de nuit, c'est dans la nuit que nous pouvons espérer apercevoir, effleurer, humer quelque chose du divin, quelque chose de la transcendance. N'oublions pas la mise en garde du Ressuscité, au matin de Pâques, à Marie-Madeleine, elle qui avait touché, embrassé le corps du Dieu-fait-homme : « *Noli me tangere !* », « Ne me touche pas, ne me touche plus ! » Loin de la réduire, le mystère de l'Incarnation marque avec une force particulière la distance entre le divin et l'humain.

Le temps où, dans la fraîcheur vespérale, Dieu rendait visite à nos parents Adam et Ève dans le jardin d'Éden, pour converser face à face, ce temps mythique est bel et bien révolu. Désormais, Dieu laisse à ses prophètes le soin de parler à sa place ou de décrypter les signes des temps, les œuvres de sa Création. Il faut oser s'aventurer dans le désert du Sinaï, gravir les sommets de l'ascèse et de la mystique pour approcher un peu ce Dieu qu'aucun humain, nous en sommes prévenus par toutes les religions, ne peut voir sans mourir.

Moïse, qui avait le privilège d'entretiens particuliers avec Dieu, le savait ; et pourtant, il osa un jour formuler une audacieuse demande :

« Moïse dit : “Je t'en prie, laisse-moi contempler ta gloire.” Le Seigneur dit : “Je vais passer devant toi avec toute ma splendeur, et je proclamerai devant toi mon nom qui est : Le Seigneur. Je fais grâce à qui je veux, je montre ma tendresse à qui je veux." Il dit encore : "Tu ne pourras pas voir mon visage, car un être humain ne peut pas me voir et rester en vie." Le Seigneur dit enfin : "Voici une place près de moi, tu te tiendras sur le rocher ; quand passera ma gloire, je te mettrai dans le creux du rocher et je t'abriterai de ma main jusqu'à ce que j'aie passé. Puis je retirerai ma main, et tu me verras de dos, mais mon visage, personne ne peut le voir"[11]. »

Moïse n'échappe donc pas à la règle : il lui est interdit de voir la face de Dieu. Du moins, au temps de l'Exode ; car, nous rapporte la tradition, lorsqu'il eut accompli sa mission et guidé le peuple des Hébreux jusqu'à l'entrée de la terre promise par Dieu, il gravit une dernière fois les flancs d'une montagne pour prendre de la hauteur, s'isoler des humains, et il mourut « dans un baiser de Dieu » : cette fois, il ne le vit plus seulement de dos, il put le contempler face à face.

Le dos divin, entraperçu par Moïse, a fait couler beaucoup d'encre et alimenté bien des disputes entre penseurs de tous bords. Giordano Bruno s'en est amusé dans l'un de ses livres. Il y énumère les manières par lesquelles Dieu se révèlerait, telles que les décrivent les différentes écoles philosophiques et théologiques : par l'intermédiaire « d'un vestige, comme disent les platoniciens ; d'un effet éloigné, comme disent les péripatéticiens ; de vêtements, comme disent les cabalistes ; des épaules ou du derrière, comme disent les talmudistes ; d'un miroir, d'une ombre ou d'une énigme, comme disent les auteurs apocalyptiques[12] ». En lisant ce passage, non dénué de l'humour corrosif d'un des plus célèbres hérétiques de la fin du XVIe siècle, j'ai évidemment pensé à la mise en garde faite par Dieu à Moïse, mais aussi au plafond de la chapelle Sixtine que le frère Giordano, durant sa jeunesse dominicaine et à l'occasion d'une visite au pape Pie V, a pu probablement admirer. Michel-Ange n'avait pas hésité à peupler son œuvre d'« une floraison de croupes cambrées, de fesses rebondies, de cuisses ouvertes, de visages androgynes, de sexes enfantins, de muscles puissants jusqu'à la démesure », comme l'écrit une historienne de l'art. Je ne doute pas que le jeune religieux, curieux et observateur comme il l'était, avait remarqué les « fesses de Dieu » peintes par le peintre italien à la théologie aussi malicieuse que celle de Bruno…

Nous pouvons sourire de cette facétie d'artiste et d'écrivain, à moins que nous ne choisissions de froncer le sourcil pour marquer une pieuse réprobation devant cet apparent manque de respect pour l'Être divin ou décidions de condamner purement et simplement cet acte jugé blasphématoire. Loin de moi l'idée d'ajouter le moindre élément aux remous douloureux, parfois violents et tragiques, qui agitent nos sociétés à propos des représentations possibles ou interdites de Dieu. Force est de constater que les querelles contemporaines n'ont rien à envier à celles qui opposèrent jadis les partisans et les opposants au culte des icônes puisque, hier comme aujourd'hui, elles incitent des croyants à tuer au nom de leur Dieu. Mais il faut également remarquer que l'image semble avoir focalisé et cristallisé toutes les tensions, toutes les peurs, toutes les violences, avant même que nos sociétés ne soient entrées dans le règne de l'image. Sans doute parce qu'elle ne peut pas être aussi aisément multipliée, manipulée, la parole, qu'elle soit prophétique, angélique ou même divine, n'a jamais, me semble-t-il, provoqué semblables disputes, pareilles colères. Sauf à nous rappeler que la pratique juive interdit de prononcer le nom de Dieu et contraint à user d'un nom de substitution ; l'exception qui confirme la règle revenait au grand prêtre qui, lorsque le temple de Jérusalem existait encore, entrait une fois l'an dans le saint des saints, le cœur du sanctuaire, pour y proclamer le Nom interdit : il ne voyait pas Dieu face à face, mais son Nom passait sur ses lèvres, comme dans un baiser mystique.

En réalité, même les plus symboliques de nos langages sont encore trop anthropomorphiques pour éviter toute tentative d'imaginer et, pourquoi pas, de tracer les contours de Dieu. S'adresser à Dieu comme à « Notre Père », en appeler aux entrailles de Dieu, le prier d'écouter nos prières, toutes ces invocations invitent, incitent nos imaginations, même épurées par l'ascèse spirituelle, à mettre en scène un Dieu à la barbe fleurie, à l'oreille attentive, aux bras guerriers ou maternels... Et, lorsqu'il est question de suivre Dieu ou, plus exactement, le Christ, c'est bien son dos qui apparaît devant les yeux de notre esprit et de notre cœur.

Alors pourquoi de telles mises en garde, de telles interdictions ? Parce que, si nous pouvions voir Dieu en face, nous serions figés, pétrifiés sur place, comme la femme de Loth au jour de la destruction de Sodome et de Gomorrhe. Ou encore comme Pierre qui, à la vue de son maître transfiguré, propose de dresser des tentes pour ne pas redescendre de la montagne ; ce souhait à peine formulé, la vision a disparu, comme pour éviter cette tentation et inciter les apôtres à reprendre le chemin de Jérusalem. Nous ne pouvons pas voir Dieu de face ; nous ne pouvons pas affronter le vertige de la transcendance. Nous ne pouvons voir que le dos de Dieu, suffisamment pour le deviner, mais pas assez pour nous y arrêter, nous en contenter. Suffisamment pour décider de le suivre. Suffisamment pour ne pas craindre de le perdre un moment ou à jamais. Suffisamment pour ne pas avoir peur de l'obscurité, de nos faiblesses. Suffisamment pour affronter les pentes plus sévères qui mènent parfois jusqu'au bord du découragement. Aucun d'entre nous ne peut savoir d'avance quel sommet il est en train de gravir : la montagne du Sinaï, le mont Nébo, le mont des Béatitudes ou celui de l'Ascension ? Une seule chose importe pour l'instant : ne pas perdre de vue le dos de Dieu.

En fin de compte, derrière ces querelles, derrière ces pratiques, je crois que nous cachons notre malaise vis-à-vis de la transcendance. Nos hésitations à représenter la forme humaine que Dieu lui-même a prise, nos craintes à prononcer le nom qu'il a mis à l'oreille de Moïse ne sont peut-être et en premier lieu que la conséquence de la mal-mesure de notre propre incarnation, de la dissonance des noms que nous revendiquons pour nous-mêmes et dont nous nous affublons. *Homo sapiens*, nous sommes-nous baptisés : quelle prétention, à bien y réfléchir, alors que nous admettons ne connaître, grâce à nos théories les plus avancées, que 5 % de l'univers et laissons le reste entre les mains de la matière et de l'énergie noires ! Et traduire la savante répétition *sapiens sapiens* par un aveu d'inconnaissance, « l'homme-qui-sait-qu'il-ne sait-pas », ne nous rend pas nécessairement plus modestes.

Il y a une vingtaine d'années, Michel Cazenave a publié un singulier ouvrage, le *Dictionnaire de l'ignorance*[13]. Une manière de reconnaître que, si le champ de nos savoirs ne cesse de s'élargir, celui de notre ignorance, de nos ignorances continue à s'étendre lui aussi. Toutes les disciplines scientifiques sont soumises au même phénomène : chaque découverte, chaque résolution d'un problème entraînent l'apparition de nouvelles énigmes, confirmant le constat que la connaissance a toute l'apparence d'un horizon qui ne cesse de reculer au fur et à mesure que nous nous évertuons à nous en rapprocher. Ainsi les ignorances d'aujourd'hui, si elles sont reconnues, dessinent-elles les frontières et les facettes des sciences de demain.

Ce qui est vrai des sciences modernes, confirmé de manière particulièrement explicite par les révolutions qu'elles affrontent et dont elles profitent, est vrai aussi de ce que nous pouvons connaître de Dieu. Les sommes théologiques les plus élaborées, les édifices architecturaux et intellectuels les plus audacieux ne pourraient jamais prétendre le comprendre, le contenir : Dieu ne fait qu'y passer, prompt à s'en échapper, pressé de nous montrer son dos plutôt que sa face.

Les traditions philosophiques et théologiques respectent cet horizon divin à travers ce qu'elles qualifient d'apophatisme, autrement dit par le recours à la négation : à défaut de pouvoir énoncer ce que Dieu est, peut-être est-il possible de dire ce qu'il n'est pas ? Car Dieu est l'insaisissable, l'inconnaissable, l'incompréhensible, l'indicible, l'ineffable. Comme le reconnaît le Pseudo-Denys dans sa *Théologie mystique*, « maintenant que nous remontons de l'inférieur jusqu'au Transcendant, notre discours se réduit à proportion de notre montée. Arrivés au terme, nous serons totalement muets et entièrement unis à l'Indicible ». Telle est l'expérience de Thomas d'Aquin, le 6 décembre 1273. Ce jour-là, après avoir célébré l'eucharistie et avoir été favorisé d'une vision mystique, il annonce à son secrétaire ne plus vouloir écrire désormais la moindre ligne de théologie : « Tout ce que j'ai écrit, c'était de la paille, à côté de ce que Dieu m'a montré. » Il meurt au printemps suivant. Puisse-t-il avoir enfin vu celui auquel il avait dit un jour : « Seigneur, je ne désire rien d'autre que toi. »

À l'homme de choisir entre le Royaume et les ténèbres

Ne nous leurrons pas, ne nous berçons d'aucune illusion : notre situation n'a pas changé depuis cinquante ans, depuis que Jacques Monod, avec sans doute un brin de provocation à l'égard des scientifiques, des philosophes et des croyants de son époque, a rédigé cette dernière ligne de son ouvrage

Le Hasard et la Nécessité. Pas plus les débats d'alors que ceux qui leur ont succédé, de quelque nature qu'ils aient été, croisades créationnistes ou propagandes athées, n'ont véritablement fait bouger la ligne de front que beaucoup, au fond, aimeraient préserver entre les sciences et les religions, entre le savoir et le croire. Une frontière qui, à l'instar des « lignes bleues » tracées par les soldats au casque de la même couleur, permettent au moins de distinguer les territoires des belligérants et, pour un temps, de tempérer les ardeurs et les revendications.

Mais la foi, je viens de le dire, n'a que faire des frontières. Elle a ses propres repères et ses horizons entre lesquels elle ne cesse de se mouvoir : croire, ai-je martelé, c'est transgresser. L'absurdité de la condition humaine tout comme la folie du divin y invitent et peut-être même y obligent. Monod a raison : nous sommes voués, condamnés à choisir entre le Royaume et les ténèbres ; voilà peut-être notre seul destin et notre seul devoir.

CONCLUSION

L'arbre au milieu du jardin

Je ne sais s'il faut y voir une parabole des relations entre les sciences et la religion, une illustration de leur histoire moderne ou une vision de leur avenir : l'université francophone de Mons, en Belgique, a restauré l'ancien couvent de la Visitation pour y installer six de ses bibliothèques thématiques. Après avoir été consacrés à la vie religieuse aux XVIIe et XVIIIe siècles, avoir servi de prison au XIXe et accueilli les archives locales au XXe, ces magnifiques bâtiments accueillent donc désormais chercheurs, enseignants et étudiants : les missions de vénérer Dieu et de punir ont laissé la place à celle d'enseigner et de chercher. Je comprends la fierté de celui qui m'a ouvert les portes de la nouvelle bibliothèque : installée dans le cloître des sœurs, cette salle profite d'une architecture propice au recueillement et à l'étude. Mon guide m'a expliqué la fonction de la structure métallique érigée au centre de l'impressionnant volume : elle maintient le toit en verre, dessiné comme une pyramide inversée, et recueille les eaux de pluie qui rejoignent ainsi l'endroit où se trouvait un puits au temps des moniales. Si la forme arborescente de ce pilier-collecteur est directement associée à sa fonction, elle n'en possède pas moins une intéressante valeur symbolique : jadis, déjà, au milieu du jardin d'Éden, Dieu avait planté l'arbre de vie et l'arbre de la connaissance du bien et du mal…

Nous connaissons l'interdit qui était associé à ce dernier : en manger le fruit signifiait être chassé du Paradis et, par voie de conséquence, être privé du fruit de l'autre arbre, celui qui conférait la vie éternelle… ce qui arriva à nos lointains parents. Parmi les multiples interprétations de ce mythe fondateur, celle qui fait de la religion un ennemi du savoir, une source d'obscurantisme intellectuel et de despotisme antiscientifique a la vie d'autant plus dure que l'histoire de nos sociétés l'a régulièrement nourrie d'épisodes trop souvent dramatiques, où la rigueur et l'honnêteté scientifiques – quand il ne s'agissait pas de vies humaines – ont été sacrifiées soi-disant pour la gloire de Dieu mais plus probablement pour la défense d'un pouvoir sur les intelligences, d'une autorité sur les consciences. Les ripostes de la science, quand elle n'a pas été prise en otage, n'ont pas non plus été indemnes d'excès.

Je crains que la tournure prise par l'avancement actuel des sciences et des techniques ne conduise à dramatiser encore le mythe du jardin d'Éden et de la chute de nos premiers parents. Nous ne prétendons pas seulement connaître le bien et le mal, autrement dit la réalité dans toute son ampleur, de l'infiniment petit à l'infiniment grand, depuis ses lointaines origines jusqu'à son destin final ; nous cherchons aussi à vaincre la mort, à conquérir l'immortalité. Le serpent semble donc nous offrir désormais les fruits des deux arbres mythiques. De quoi nous inquiéter ou, à tout le moins, inquiéter ceux qui croient en un Créateur.

Il est louable de la part de ces derniers d'estimer défendre sa cause (et ses interdits) en réitérant la bourde de Pie XII, en recherchant des accords, des concordances entre les découvertes scientifiques et l'énoncé de la foi, en assurant trouver dans les premières des preuves de l'existence de Dieu ; de telles initiatives sont toujours préférables aux procès et aux bûchers. Mais c'est là réduire la démarche religieuse à la méthode scientifique, la foi à la rigueur de la raison ; c'est chercher à répondre au « Crois-tu ? », murmuré à l'oreille et au cœur, par un « Eurêka ! » tonitruant ; c'est confondre la cuve baptismale avec la baignoire d'Archimède. Dieu ou, plus exactement, la confession de sa foi en Dieu, n'a pas besoin des preuves élaborées et proposées par les sciences.

Celles-ci ne doivent pas pour autant être ignorées, moins encore dénigrées. Ne prenons pas prétexte de l'interdiction rapportée par le livre de la Genèse pour cultiver l'ignorance et l'obscurantisme : j'ai coutume de le dire, les interdits qui protègent le sacré ont été posés pour être transgressés… mais pas pour n'importe quel motif, ni de n'importe quelle manière : les rites sont là pour que celui qui approche, touche le sacré, le fasse en pleine conscience. L'interdit qui concerne les fruits de l'arbre de la connaissance du bien et du mal n'échappe pas à cette règle : il nous enseigne que la recherche du savoir n'est pas anodine, que la connaissance n'est pas un fruit quelconque que nous pouvons cueillir négligemment, ni grappiller sans vergogne. Le savoir se mérite, le savoir se reçoit.

Mais, surtout, le savoir nous mène à nos propres frontières, nous fait toucher nos propres limites : s'il nous confère un pouvoir, il nous montre aussi nos faiblesses et, en fin de compte, nous rappelle notre condition mortelle. Il faut avoir goûté au fruit de la connaissance du bien et du mal pour comprendre la valeur de celui de l'immortalité. Et c'est l'expérience de ces deux arbres et de leurs fruits qui constitue une invitation des plus pressantes à nous demander en quoi, je veux dire en quelle transcendance nous croyons. Dès lors, l'acte de foi ne relève plus seulement d'une apparente absurdité mais de l'expression même d'une liberté à laquelle conduit la quête de la vérité. Au-delà de l'horizon de nos certitudes.

Notes

Introduction

1. Évangile selon saint Luc, chapitre 17, versets 22 et 23.
2. Évangile selon saint Matthieu, chapitre 22, verset 21.
3. Dalmace Leroy, *L'Évolution restreinte aux espèces organiques*, Paris, Perrin, 1891, p. 10-11. À propos du père Leroy, voir Jacques Arnould, *Darwin, Teilhard de Chardin et Cie. L'Église et l'évolution*, Paris, Desclée de Brouwer, 1996, p. 30-34.

1. La science en otage

1. Cf. Maurice Clavelin, « Lettre à Mme Christine de Lorraine, Grande-Duchesse de Toscane », *Revue d'histoire des sciences et de leurs applications*, tome 17, nº 4, 1964, p. 338-368 (traduction François Russo).
2. Cf. Barbara Ward et René Dubos, *Nous n'avons qu'une Terre*, Paris, Denoël, 1972.

3. Pie XII, « Discorso per la Sessione plenaria et per la Settimana di studio sul problema dei microsismi », dans *Discours adressés par les souverains pontifes Pie XI, Pie XII, Jean XXIII, Paul VI, Jean-Paul II à l'Académie pontificale des sciences de 1936 à 1986*, Cité du Vatican, Pontificia Academia Scientiarum, 1986, p. 85.
4. *Ibid.*, p. 86.
5. Pie XII, « Le discours du souverain pontife au congrès mondial d'astronomie », *La Documentation catholique*, 5 octobre 1952, n° 1131, p. 1222.
6. Évangile selon saint Matthieu, chapitre 2, versets 1 et 2.
7. Cf. Stephen Jay Gould, *Et Dieu dit : « Que Darwin soit ! ». Science et religion, enfin la paix ?*, traduction Jean-Baptiste Grasset, Paris, Seuil, 2000.
8. Raymond Ruyer, *La Gnose de Princeton. Des savants à la recherche d'une religion*, Paris, Fayard, 1974, p. 24.
9. Michel-Yves Bolloré et Olivier Bonnassies, *Dieu, la science, les preuves. L'aube d'une révolution*, Paris, Guy Trédaniel éditeur, 2021, p. 201.
10. Pierre Teilhard de Chardin, « Le Phénomène humain », *Œuvres*, tome I, Paris, Seuil, 1955, p. 29.
11. Arthur C. Clarke, *L'Exploration de l'espace*, traduction René Guillonnet, Paris, Denoël, 1953, p. 261.
12. Richard Dawkins, *Le Gène égoïste*, traduction Laura Ovion, Paris, Armand Colin, 1990, p. 20.

13. Cf. le site de la fondation Richard Dawkins : https://richarddawkins.net/aboutus/.

2. La transcendance en péril

1. Pierre Teilhard de Chardin, « En regardant un cyclotron. Réflexion sur le reploiement sur soi de l'Énergie humaine », *Œuvres*, tome VII, Paris, Seuil, 1963, p. 375.
2. Jean-Pierre Changeux, *L'Homme neuronal*, Paris, Fayard, 1983, p. 159.
3. *Ibid.*, p. 161.
4. *Ibid.*, p. 211.
5. Cité par Patrick Jean-Baptiste, *La Biologie de Dieu. Comment les sciences du cerveau expliquent la religion et la foi*, Paris, Agnès Viénot Éditions, 2003, p. 300.
6. Cf. Jean-Pierre Changeux et Paul Ricœur, *Ce qui nous fait penser. La nature et la règle*, Paris, Odile Jacob, 1998.
7. Aldous Huxley, *Île*, traduction Mathilde Treger, Paris, Plon, 1963, p. 115-116.
8. Andrew Newberg et Eugene d'Aquili, *Pourquoi « Dieu » ne disparaîtra pas. Quand la science explique la religion*, traduction Kengan D. Robert, Vannes, Sully, 2003, p. 53.
9. *Ibid.*, p. 21.
10. *Ibid.*, p. 210.
11. *Ibid.*, p. 196.

12. Cité dans Roger Dadoun, « Singulières psychanalyses de Romain Rolland », *Cahiers de Brèves*, n° 18, 2006, p. 18.
13. Cf. par exemple Charles Duke et Dotty Duke, *Moonwalker*, Nashville (Tenn.), Thomas Nelson Inc., 1990.
14. François Russo, « L'opération Apollo », *Études*, août-septembre 1969, p. 175.
15. Cité dans Franck Damour, *La Tentation transhumaniste*, Paris, Salvator, 2015, p. 26.
16. Pierre Teilhard de Chardin, lettre à Max et Simone Bégouën, 20 septembre 1940, dans *Le Rayonnement d'une amitié. Correspondance avec la famille Bégouën* (1922-1955), Bruxelles, Lessius, 2011, p. 171.

3. La collision avec le réel

1. Psaumes, 8, versets 4-7.
2. Carl Sagan, *The Varieties of Scientific Experience. A Personal View of the Search for God*, New York, Penguin Press, 2006, p. 30.
3. Carl Sagan, cité dans Richard Dawkins, *Pour en finir avec Dieu*, Paris, Robert Laffont, 2008, p. 20-21.
4. Pierre Teilhard de Chardin, *Journal (26 août 1915-4 janvier 1919)*, Paris, Fayard, 1975, 7 février 1916.
5. Thomas d'Aquin, *Somme théologique*, Prima Pars, question 46, article 3, Paris, Desclée et Cie, 1927, p. 99-103.
6. Cité dans Esther Salaman, « A Talk With Einstein », *The Listener*, n° 54, 1955.

7. Cité dans Roy D. Morrison, *Science, Theology and the Transcendental Horizon*, Newcastle, Scholar Press, 1994, p. 340-341.
8. Henri Bergson, *Les Deux Sources de la morale et de la religion*, Paris, Librairie Félix Alcan, 1933, p. 155-156.
9. Cf. Christopher Sykes (éd.), *No Ordinary Genius. The Illustrated Richard Feynman*, New York/Londres, W. W. Norton & Company, 1994.
10. Cf. Pierre Teilhard de Chardin, « Une suite au Problème des Origines humaines. La multiplicité des mondes habités » (1953), *Œuvres*, tome X, Paris, Seuil, 1969, p. 273-282.
11. *Ibid.*, p. 277-278.
12. Pierre Teilhard de Chardin, *Lettres intimes à Auguste Valensin, Bruno de Solages, Henri de Lubac et André Ravier*, Paris, Aubier Montaigne, 1974, note 5, 7, p. 40.
13. Cité dans Jacques Arnould, *Pierre Teilhard de Chardin*, Paris, Perrin, 2005, p. 293-294.
14. Pierre Teilhard de Chardin, *Notes de retraites (1919-1954)*, Paris, Seuil, 2003, p. 142.
15. Pierre Teilhard de Chardin, *Journal*, 17 mai 1918, Paris, Fayard, 1975, p. 325.

4. La foi, entre le Royaume et les ténèbres

1. Jacques Monod, *Le Hasard et la Nécessité. Essai sur la philosophie naturelle de la biologie moderne*, Paris, Seuil, 1970, p. 194-195.

2. Victor Hugo, *William Shakespeare*, « L'art et la science », Bruxelles, A. Lacroix, Verboeckhoven & Cie Éditeurs, 1869, p. 96.
3. Évangile selon saint Luc, chapitre 13, verset 14.
4. Psaumes, 138, verset 14.
5. Robert Jastrow, *God and the Astronomers*, New York, Warner Books, 1978, p. 105-106.
6. Albert Camus, *Le Mythe de Sisyphe*, Paris, Gallimard, 1942, p. 45.
7. Cf. Évangile selon saint Luc, chapitre 11, versets 42-46.
8. Première épître aux Corinthiens, chapitre 1, versets 17-25.
9. Alfred Loisy, *L'Évangile et l'Église*, Bellevue, « Chez l'auteur », 1904, p. 189.
10. Cf. Évangile selon saint Matthieu, chapitre 13, verset 52.
11. Exode, chapitre 33, versets 18-23.
12. Giordano Bruno, *De la causa, principio et uno* [1584], *De la cause, du principe et de l'un*, dans *Œuvres complètes*, vol. 3, Paris, Les Belles Lettres, 1996, p. 106.
13. Cf. Michel Cazenave, *Dictionnaire de l'ignorance*, Paris, Albin Michel, 1998.

Table

Préambule 7

Introduction. « N'y courez pas ! » 9
Ceux qui ne doutent de rien 10
Dieu, personne ne l'a jamais vu 13
Un chemin de traverse 16

1. La science en otage 19
Le retour du cosmos 20
Le dieu des cintres 37
De menaçantes illusions 45

2. La transcendance en péril 63
Le lama neuronal 65
Jusqu'au septième ciel 75
Nous prendre pour des dieux 90

3. La collision avec le réel. 103
L'épouvantail de l'infini. 105
Le défi du hasard 114
En attendant l'extraterrestre 124

4. La foi, entre le Royaume et les ténèbres. . 139
La foi, une transgression magnifique 141
Credo quia absurdum 152
Le dos de Dieu 165
À l'homme de choisir entre le Royaume et les ténèbres 175

Conclusion. L'arbre au milieu du jardin . . . 177

Notes 183

DU MÊME AUTEUR

CHEZ LE MÊME ÉDITEUR

Giordano Bruno.
Un génie martyr de l'Inquisition
2021

Turbulences dans l'univers.
Dieu, les extraterrestres et nous
2017

Sous le voile du cosmos.
Quand les scientifiques parlent de Dieu
2015

Dieu versus Darwin.
Les créationnistes vont-ils triompher de la science ?
2007 ; coll. « Espaces libres », 2013

La Marche à l'étoile.
Pourquoi sommes-nous fascinés par l'espace ?
2006

Composition IGS-CP
Impression CPI Brodard & Taupin en décembre 2022
Éditions Albin Michel
22, rue Huyghens, 75014 Paris
www.albin-michel.fr
ISBN : 978-2-226-47654-8
N° d'édition : 25103/01 – N° d'impression : 3051205
Dépôt légal : février 2023
Imprimé en France